JORNADA IMPROVÁVEL

EDUARDO MUFAREJ

JORNADA IMPROVÁVEL

A HISTÓRIA DO RENOVABR,

A ESCOLA QUE QUER MUDAR A POLÍTICA NO BRASIL

R

HISTÓRIA REAL

© 2021 Eduardo Mufarej

REVISÃO
Eduardo Carneiro

DIAGRAMAÇÃO
Equatorium Design

DESIGN DE CAPA
Anderson Junqueira

FOTO DE QUARTA CAPA
Daniel Alves
Registro da formatura da primeira turma de alunos do RenovaBR

CIP-BRASIL. CATALOGAÇÃO NA PUBLICAÇÃO
SINDICADO NACIONAL DOS EDITORES DE LIVROS, RJ

M949j
    Mufarej, Eduardo, 1977-
    Jornada improvável: a história do RenovaBR,
a escola que quer mudar a política no Brasil / Eduardo
Mufarej. - 1. ed. - Rio de Janeiro: História Real, 2021.

    192 p.; 23 cm.
    ISBN 978-65-87518-09-1

    1. RenovaBR - História. 2. Política - Brasil. I.
Mufarej, Eduardo. II. Título.
20-64846

CDD: 370
CDU: 377(81)

Leandra Felix da Cruz Candido - Bibliotecária - CRB 7/6135

[2021]
Todos os direitos desta edição reservados a
História Real, um selo da Editora Intrínseca Ltda.
Rua Marquês de São Vicente, 99, 3º andar
22451-041 — Gávea
Rio de Janeiro — RJ
Tel./Fax: (21) 3206-7400

www.historiareal.intrinseca.com.br

Sumário

AGRADECIMENTO 7

INTRODUÇÃO 11

I. Um voo de galinha 21
II. Como um surto de sarampo mudou tudo 30
III. Pra que serve um mochilão na Europa 38
IV. "Como é que a gente faz a diferença?" 48
V. Esquentando os motores 55
VI. Ganhando casca (e dinheiro) na Tarpon 64
VII. Como o rugby gestou o Renova 72
VIII. Um sistema mais justo 79
IX. As sandálias da humildade na Somos 85
X. Troca de chapéus 96
XI. Estruturando o Renova 102
XII. "Vai ter gente do PSOL?" 113
XIII. Padrão gringo 122

XIV. Brasil adentro 131

XV. Dezessete 145

XVI. 1.400 pessoas boas 153

XVII. Laços políticos 164

XVIII. Lula Livre e Luciano 170

XIX. Uma marca de futuro 180

Agradecimento

Nos primórdios da criação do RenovaBR, durante uma viagem a Londres, tive a oportunidade de apresentar o projeto ao economista Pérsio Arida, um dos idealizadores do Plano Real. Ele me ouviu e disse: "Eduardo, recomendo que você faça um diário sobre essa jornada. O material pode ser útil mais adiante para reavivar as lembranças ou até, quem sabe, para um livro."

Ouvi o conselho e comecei a esboçar um diário, auxiliado por ferramentas da tecnologia que permitem manter um bom controle de datas de encontros, reuniões, acontecimentos. Mas daí a escrever um livro parecia haver uma enorme distância.

Sempre imaginei que seria um grande desafio e me questionava: conseguiria produzir um bom texto e uma história que fizesse sentido?

Se meus leitores hoje têm esta obra em mãos, preciso reconhecer as contribuições de Jorge Oakim, da editora Intrínseca, que me convidou a contar a história do Renova; de Roberto Feith, meu editor nesta empreitada; e de Sibelle Pedral, que construiu comigo o texto em um processo longo, por vezes exaustivo. O projeto de um livro é algo que me enche de orgulho, e eu não teria concluído a trajetória que resultou no *Jornada improvável* sem a ajuda desses três profissionais.

Este livro compõe a história do Renova a partir de uma perspectiva individual, porém contempla e homenageia cada uma das pessoas que, de alguma maneira, participou da edificação da nossa escola de democracia. Fiz todos os esforços para mencionar cada contribuição, mas, logo na largada, já soube que falharia: foram inúmeros os que nos ajudaram a chegar até aqui. Houve tantos momentos importantes, com tamanha carga emocional, que minha memória certamente me pregou peças. A esses indivíduos peço desculpas antecipadas e convido a uma celebração desta obra coletiva.

Registro meu maior agradecimento a minha família, que abriu mão de tempo precioso de convívio e acolheu tanto a iniciativa de construir o Renova quanto o trabalho neste livro. Minha esposa, Juliana, e meus três filhos, Teresa, Isabel e Antonio, sabem como sou grato a eles.

Agradeço a todos com quem trabalhei, de meus amigos da Tarpon aos colegas da Somos, mas, principalmente, à equipe do RenovaBR. O time embarcou nesse projeto e se apropriou dele com entusiasmo de donos, o que de fato eram. Graças a eles, chegamos ao que posso chamar de sonho coletivo. São pessoas que trabalham todos os dias com dedicação e afinco inacreditáveis, e fazem com que o esforço de tornar a política brasileira um lugar de gente preparada e honesta seja o mais efetivo possível. Deixo ainda o meu muito obrigado a todos que abriram suas agendas para relatar histórias e experiências com o Renova, enriquecendo este relato.

Ao escrever sobre o Renova, meu objetivo não era fazer meramente uma reconstrução histórica; gostaria que a sociedade brasileira compreendesse que a transformação do nosso país está, sim, ao nosso alcance. Não podemos nos dar ao luxo do conformismo: a solução para os problemas brasileiros dependerá da mobilização profunda de uma parte importante da sociedade.

O Renova, por meio da sua equipe, do seu conselho, dos apoiadores e, no final, das lideranças formadas pela nossa escola e que resolvem se candidatar, é um elo, um agente nessa mudança. Porém, não é o único, nem deve ser. A transformação da sociedade brasileira dependerá de múltiplas iniciativas em diversas frentes. Será preciso deixar de lado os desejos e as vontades individuais, bem como as crenças que nos separam, e olhar para aquilo que nos une.

Será a partir das nossas semelhanças que construiremos um futuro melhor.

Introdução

"E se a gente fizesse a formatura na Praça dos Três Poderes?"

A pergunta ecoou na sala de reuniões do Renova numa tarde em fins de maio de 2018. Partiu de Gabriel Azevedo, advogado, vereador em Belo Horizonte, amigo desde que eu, em tempos mais remotos, resolvi me interessar pela política, ainda sem saber muito bem qual seria o caminho. Sabia apenas o que não queria: ser candidato. Devia haver outros jeitos. Havia.

Após um burburinho inicial, a proposta fez todo o sentido para os que estavam ali. O que seria mais simbólico do que encerrar um curso de política no palco do poder, em Brasília, onde boa parte dos nossos alunos gostaria de estar no ano seguinte, eleitos para a Câmara dos Deputados ou até para o Senado Federal?

O RenovaBR, ou simplesmente Renova, sequer tinha um ano de vida. Nasceu da minha inquietação, e da de muitas pessoas como eu, com os rumos da política brasileira e com o que víamos como o despreparo de uma maioria de políticos. Esse despreparo prejudica profundamente a capacidade de geração de riqueza do país, mas não só: também prejudica o acesso a oportunidades, acentua a desigualdade e, de maneira mais ampla, atinge nossa capacidade de encontrar um caminho como nação. Políticos despreparados afetam até mesmo nossa identidade e autoestima como sociedade. Como postulado no livro *Por que as nações fracassam*, de Daron Acemoglu e James Robinson, instituições políticas extrativistas resultam em instituições econômicas extrativistas, enriquecendo poucos às custas de muitos, um ciclo vicioso vigente no Brasil.

Nesse contexto, o Renova se estabeleceu como uma escola de formação de políticos, uma escola de democracia, plural e apartidária. Ficou em pé em um tempo inacreditavelmente curto, com uma turma de 133 alunos de todo o Brasil, selecionados entre mais de 4 mil candidatos. O que tínhamos feito até ali, sim, parecia impossível. A Praça dos Três Poderes? Por que não?

"Por que não damos uma aula na Praça? Dispomos as cadeiras como se fosse uma sala de aula, só que a céu aberto", Gabriel prosseguia, animado. "É só correr atrás da autorização do poder público, arrumar umas caixas de som... Vejam." Interrompeu-se, pegou papel e caneta, começou a desenhar. "Esta é a Praça vista de cima. Aqui o Congresso Nacional, o Palácio do Planalto, o Supremo Tribunal Federal. Se a gente colocar as cadeiras aqui" — assinalou um círculo entre os marcos que tinha acabado de enumerar — "e começar pontualmente às três e meia, quando a cerimônia estiver chegando ao fim, lá pelas cinco, estaremos diante do pôr do sol mais deslumbrante do Brasil."

Nas semanas seguintes o pequeno time do Renova botou as engrenagens para funcionar. Contatos foram feitos; obtiveram-se aprovações. Falando hoje parece fácil, mas àquela altura já tínhamos experiência em situações que pareciam inatingíveis. Duas semanas antes da data que imaginávamos, uma força-tarefa do

Renova foi a Brasília agilizar os últimos trâmites. Permissões na mão. Cadeiras alugadas. Caixas de som materializaram-se.

O dia 21 de junho de 2018 amanheceu seco e ensolarado na Capital Federal. A equipe do Renova estava lá em peso, dividida em dois grupos. Parte assistia a um seminário para os alunos realizado em parceria com a Arko Advice, a consultoria de análises políticas de Murillo de Aragão, na sede do *Correio Braziliense*. Amigo de longa data e entusiasta do Renova, Murillo organizou o evento. Estavam lá o ministro do Supremo Tribunal Federal Luís Roberto Barroso e os senadores Ana Amélia e Cristovam Buarque. O outro grupo estava na Praça dos Três Poderes, armando o cenário. Quando as cadeiras foram entregues, nos demos conta de que eram de ferro, o que poderia ser um problema para os ocupantes sob o sol ardido de Brasília. Mas era o que tínhamos, e felizmente o dia não foi quente a ponto de causar incômodo.

As cadeiras foram dispostas sobre as pedras portuguesas de tal modo que todos pudessem ver o professor responsável pela aula de encerramento do curso, que seria o próprio Gabriel; pelas regras do uso da Praça, não era permitido montar um tablado. Quando Darlan Dal-Bianco, um jovem mineiro que tinha se juntado ao Renova na primeira hora, arrumava o cenário, um carro de polícia parou para interpelá-lo. Darlan abriu seu celular e mostrou fotos dos alvarás. Os policiais foram embora. Estávamos todos em estado de tensão.

Foi uma quinta-feira como nenhuma outra antes, na minha vida e na vida de todos ali. Parecia sonho, mas era fato: a Praça dos Três Poderes e a silhueta do Congresso foram o palco da "sala de aula" final da primeira classe do Renova. Gabriel leu uma carta que ele próprio teria escrito em 2032. E falando então diretamente do futuro, ele evocava o que teria acontecido naquele já "distante" 2018. "Como é tradição brasileira, a primeira coisa que fizeram ao saber do RenovaBR foi duvidar [...]. Muitos duvidaram, muitos criticaram. Muitos sequer acreditaram. Ocorre que no ano de 2018, mesmo diante de tantos desafios, um grupo não muito grande em número, mas enorme em seus propósitos, conseguiu se eleger e ocupou cargos no Congresso Nacional."

Naquele momento, não sabíamos quantos dos nossos "formandos" seriam candidatos. Não sabíamos se os que se candidatassem seriam eleitos. Não sabíamos como se portariam os eleitos. Não sabíamos muita coisa. Mas sabíamos que o que tínhamos feito para chegar até ali era importante.

Na vida real foi assim: 117 alunos egressos da primeira classe do Renova se candidataram às eleições de outubro de 2018 a três Casas Legislativas: as Assembleias de seus estados, a Câmara dos Deputados e o Senado Federal. Receberam, ao todo, mais de 4,5 milhões de votos. Dezessete foram eleitos, por sete partidos, em oito estados. No segundo semestre de 2020, quando eu concluía este livro, a maioria vinha se portando com competência e respeito à coisa pública, cada um fiel aos próprios valores e à própria consciência. Entre os vencedores do Prêmio Congresso em Foco 2020,* seis ex-alunos do Renova apareciam nos primeiros lugares em categorias variadas, eleitos por votação popular, por um júri especializado e por jornalistas. Tabata Amaral destacou-se na categoria Defesa da Educação e Felipe Rigoni foi o quarto melhor deputado federal segundo o júri — para ficar em dois exemplos. Cinco dos dez deputados federais mais bem colocados no Ranking dos Políticos** em 2019 formaram-se no Renova: Tiago Mitraud, Vinicius Poit, Paulo Ganime, Lucas Gonzalez e Luiz Lima.

---

* Congresso em Foco é um site jornalístico que traz notícias do Congresso Nacional. Declara-se independente e apartidário.

** Ranking dos Políticos é uma plataforma que compara políticos de todo o Brasil considerando critérios como projetos de combate à corrupção e aos privilégios, assiduidade e outros.

Num balanço realizado com base nos gastos legislativos de 2019, constatamos que um deputado ou senador eleito após sua formação no Renova utilizou cerca de 120 mil reais anuais em cota parlamentar, ou seja, quase 60% a menos que outros deputados em primeiro mandato, que despenderam, em média, 316 mil reais anuais. Até meados de 2020, os ex-alunos apresentaram, somados, 2.257 propostas em áreas tão relevantes e diversas quanto saúde, educação, meio ambiente, saneamento básico, estímulo ao empreendedorismo. Pode-se elogiá-los e igualmente criticá-los em pontos específicos, mas, de modo geral, conduzem seus mandatos com eficiência, tratando a política com a dignidade que ela merece — e que parecia tão esquecida no Brasil.

Mesmo entre os não eleitos, muitos receberam convites para trabalhar na gestão pública de suas cidades e estados. Vários aceitaram e a maioria se destaca desde então. Waldemar Jorge, um de nossos ex-alunos, tornou-se secretário de Planejamento no governo Ratinho Júnior, no Paraná. Claudio Gastal é secretário de Planejamento, Governança e Gestão no governo de Eduardo Leite, no Rio Grande do Sul. Juliana Cardoso coordena a Secretaria de Agricultura e Abastecimento no estado de São Paulo, e João Urbano Bezerra Suassuna foi nomeado secretário executivo de Criança e Juventude de Pernambuco. Ainda que sem cargos eletivos, são pessoas com muito potencial dedicando seu melhor à vida pública.

Em sua carta desde o futuro, Gabriel seguia apontando o futuro do Renova nas eleições seguintes: em 2022, por exemplo, "o número de deputados federais egressos do RenovaBR aumentou substancialmente". Prosseguia falando de um tempo em que políticos e políticas teriam orgulho em declarar que eram políticos e políticas. Imaginou que em 2030 o Renova estaria espalhado por vinte países — e, olhando para mim, comentou: "Edu está radiante. Ele não poderia imaginar inspirar tantas outras pessoas no Brasil a se dedicar a ajudar quem encara o desafio de exercer um cargo público." No ano ainda por vir de 2032, tal como desenhado na carta, o Brasil é outro país. E tudo isso aconteceu "por um detalhe simples: as pessoas acreditaram que podiam mudar".

Nas cadeiras de ferro espalhadas pela Praça, muita gente chorava. Nos meses seguintes, os alunos relembravam a cena com emoção a cada encontro nosso. "Nunca vou esquecer esse dia em toda a minha vida", afirmavam. O tempo dirá quanto havia de realidade na carta que fechou o primeiro ciclo do Renova. Até ali, porém, nosso sentimento era o de ter entregado o que queríamos.

A ideia fundadora do Renova é que a política é lugar de gente íntegra e competente e, sendo assim, deveria atrair os melhores quadros do país. Ao formar candidatos qualificados, independentemente de partidos ou ideologias, queremos dar uma contribuição para aperfeiçoar a política. Não existe no mundo uma nação democrática evoluída em que a classe política seja constituída por pessoas despreparadas ou preocupadas em satisfazer apenas os próprios interesses.

Queríamos justamente contradizer a famosa citação de Ulysses Guimarães: "Está achando ruim essa composição do Congresso? Então espera a próxima: será pior. E pior, e pior..." Nascemos como uma reação efetiva a essa fala. Incrível como tínhamos nos acomodado a ela.

Alguns dos que duvidaram das nossas intenções apostaram que um dia o Renova e seus apoiadores "cobrariam a conta". Essa conta nunca chegou para nenhum dos nossos alunos, e nunca chegará. Melhorar a política é o nosso único e grande objetivo. Queremos que, na hora de votar, todo eleitor tenha excelentes opções, não importa quais sejam seus ideais nem suas expectativas. Essa é a nossa diferença, tão clara e ao mesmo tempo tão difícil de ser entendida no ambiente polarizado em que vivemos.

As pessoas que criaram o Renova estavam convencidas de que, como em qualquer democracia, a resolução dos problemas do Brasil está nas mãos da sociedade e de cada eleitor. Também há a consciência de que é fundamental somar forças com outras iniciativas comprometidas com a boa política. Estamos diante de um problema muito maior do que a capacidade de um movimento ou grupo resolver. Quem tiver um projeto voltado para a qualificação da prática política e quiser o apoio do Renova pode bater na nossa porta: auxiliaremos com o conhecimento que acumulamos desde 2017. A ideia deste livro, aliás, é justamente esta: compartilhar o que aprendemos na construção do Renova, onde acertamos e erramos, pavimentando uma trilha para que outros se motivem a trabalhar pela renovação e qualificação política do Brasil.

Um movimento de formação de políticos só poderia surgir em uma democracia na qual uma parcela da classe política está desgastada e desacreditada. Dificilmente apareceria na Noruega. O Renova foi criado para ajudar a resolver um problema real. No momento em que o problema deixar de existir, perderá sua razão de ser. E esse será um momento para comemorar.

É a nossa cruzada hoje, e eu gostaria que fosse a sua também.

JORNADA
IMPROVÁVEL

I. Um voo de galinha

Era um pouco assim que eu enxergava a trajetória do Brasil.

Quem já viu uma galinha "voar" entenderá bem a força dessa expressão. Ela corre, bate as asas e parece que vai levantar voo, porém logo despenca, frustrada. De certa forma, era o que vinha acontecendo no Brasil desde que, na primeira década dos anos 2000, comecei a viajar pelo mundo para conversar com os investidores mais sofisticados do planeta sobre investimentos no país.

Explicar o Brasil lá fora nunca foi uma tarefa simples, mas naqueles anos, entre 2005 e 2010, o indicativo de que viveríamos um bom momento facilitava um pouco a missão. O país crescia a um ritmo médio de 5,5% ao ano. O mercado consumidor se ampliava, com o aumento do poder aquisitivo da classe C, e os investidores estrangeiros injetavam dólares a rodo na nossa economia, estimulados pelas boas notas que as agências de classificação de risco davam ao país. Lembro-me exatamente do dia em que o Brasil recebeu o "grau de investimento". Era 30 de abril de 2008 e eu estava na

Argentina, em viagem com amigos. Comíamos um *choripán*, uma espécie de sanduíche de linguiça, na frente do aeroporto doméstico de Buenos Aires, o Aeroparque, esperando para pegar o voo para Mendoza. Quase chorei de emoção, parecia o prenúncio de uma nova era. O Brasil se destacava entre os emergentes e se preparava para sediar a Copa do Mundo de 2014. Em São Paulo, a rede hoteleira não dava conta de tantos homens e mulheres que se dirigiam à cidade a fim de fechar negócios. O Rio de Janeiro se organizava para lançar sua candidatura bem-sucedida aos Jogos Olímpicos de 2016.

Em 2009, a revista inglesa *The Economist* deu o Brasil na capa, uma imagem espetacular do Cristo Redentor descolando-se do Corcovado como um foguete em ascensão, tendo o céu como limite. "Brazil takes off", dizia a manchete, algo como "o Brasil decola", em tradução livre. O correspondente da revista no Brasil, John Prideaux, meu amigo desde 1998, quando nos conhecemos em Paris, estava entusiasmado com o que via por aqui; fui ouvido para a reportagem. Na Bolsa de Valores, uma profusão de empresas abria capital. Eu era um dos três maiores sócios da gestora de fundos Tarpon, que se lançou na Bolsa em 2007. Foram anos em que o Brasil amadureceu no radar dos investidores globais. Nós, da Tarpon, frequentávamos os tradicionais eventos de recrutamento promovidos pelas universidades americanas para atrair jovens talentos — e muita gente queria vir para o Brasil. E então... chegou uma hora que ninguém mais queria.

À medida que a segunda década do século avançou, a economia brasileira se deteriorou rapidamente. O momento anterior tinha sido mais um voo de galinha, entre outros tantos na trajetória do país. Como gestor, conheci o apogeu e o declínio, a abundância e a escassez. Comecei a refletir muito seriamente sobre a situação do Brasil e sobre a volatilidade dos humores que envolvem o nosso país. Eu não queria — não quero — me mudar daqui. Não me interessa morar em Miami nem em Portugal. Sou descendente de imigrantes libaneses, italianos e espanhóis acolhidos neste país. Quero que meus filhos cresçam aqui. Ainda acho o Brasil um lugar extraordinário. O que eu podia fazer?

Em 2017, participei do grupo que criou o RenovaBR, ou simplesmente Renova. Não tomei essa iniciativa para construir a minha jornada de herói. Não fiz por vaidade. Fiz porque todos nós, como cidadãos conscientes, temos que enfrentar essa questão. O Renova não é sobre mim: sou apenas quem deflagrou o processo.

Não chega a ser uma novidade a ideia de que a política, tal como a conhecemos no auge dos anos 2000 e no colapso dos anos 2010, está na raiz dos males do Brasil. Mas muitas pessoas lavam as mãos e não dão a ela o devido valor; preferem classificá-la como suja, corrupta, ineficiente, nociva. A política é coisa séria. É a forma mais madura e eficaz para expressar os anseios da sociedade. Por meio dela nos fazemos ouvir e escolhemos as prioridades da ação do Estado. Isso é o que dizem os livros de ciências políticas, bem como boa parte das Constituições dos países avançados. Mas, no Brasil, a teoria está longe da prática.

Muitos de nós não temos a dimensão da importância do voto. Escolhemos nossos candidatos e não acompanhamos o que eles fazem — ou quando acompanhamos é porque nutrimos expectativas equivocadas sobre a atuação do político que elegemos. Não raro, sequer sabemos o raio de atuação de cada eleito, confundindo papéis e responsabilidades. Quando nada acontece, nos frustramos ou deixamos de acreditar. Apertamos a tecla do cinismo, condenamos a política e tocamos a vida. Enquanto isso, em seus cargos executivos ou legislativos, alguns políticos se beneficiam dessa desilusão, acumulam poder e atuam para realizar projetos pessoais. Para eles, fazer política é optar pelo benefício individual ou de um pequeno grupo em detrimento da coletividade.

Aprofundando a questão, chega-se ao sistema eleitoral brasileiro e, em especial, à questão dos financiamentos de campanha, ou seja, ao caminho que esses políticos percorreram para se eleger. Infelizmente, salvo honrosas exceções, não se trata de um caminho de virtude. Até as eleições de 2016, pode-se dizer que parcela significativa dos que obtiveram sucesso na política foi beneficiada por alguma forma de caixa 2 — dinheiro não contabilizado na prestação de contas da campanha. Ora, se um candidato já é eleito com apoio do caixa 2, qual é a chance de ele, no final do dia, ser um político ético? Um político eleito com caixa 2 do crime organizado vai defender os interesses da população? Um político eleito com caixa 2 de empreiteira vai brigar para que uma obra não seja superfaturada? As investigações conduzidas pela principal operação de combate à corrupção do nosso país, a Lava-Jato, começaram onde? No financiamento eleitoral.

Não culpo as pessoas que entraram na política até hoje trilhando essa rota. É como funcionava. O problema é que, justamente por isso, a sociedade se afastou da política. E agora precisamos criar alternativas para que a participação política se construa sobre novas bases.

O Renova trabalha para melhorar a dinâmica do jogo político. Trabalha para oferecer a gente boa e empenhada em fazer boa política uma oportunidade de poder entrar nesse jogo. Atuamos para romper o círculo vicioso do clientelismo e das trocas às escondidas e apoiamos o desenvolvimento de candidatos capacitados. Precisamos mudar a dinâmica das eleições no Brasil. Precisamos reduzir os custos eleitorais e não permitir que *pessoas físicas ou jurídicas nem dirigentes partidários sejam donos de um candidato ou de um mandato*. Sabemos que há partidos que descontam dinheiro do fundo eleitoral de políticos nas campanhas futuras, caso desobedeçam às ordens dos caciques. Assim mesmo: tabelinha.

Até pouco tempo, quando pessoas jurídicas podiam financiar campanhas políticas, dizia-se que os "donos" dos candidatos eram os grandes empresários. A reforma eleitoral que proibiu a contribuição de pessoas jurídicas, permitindo apenas contribuições de pessoas físicas, mudou o jogo: os "donos" passaram a ser os caciques dos partidos, detentores do famoso fundão eleitoral; e nos vimos diante do clientelismo com recursos públicos. É urgente revermos esse modelo, que nos entrega o pior dos mundos. Voltaremos a esse ponto mais tarde porque ele é fundamental e está no coração dos maiores problemas do país.

Por enquanto, e para explicar o raciocínio na gênese do Renova, pense comigo: quanto custa a má política para os brasileiros?

Eu já vinha pensando no prejuízo que o país sofria por causa do fisiologismo, da falta de investimentos em infraestrutura, do presidencialismo de favores e de cooptação que se firmou no Brasil. Um dia, então, fiz a conta. Melhor dizendo, fiz uma das contas possíveis: a da perda do valor de mercado das companhias listadas na Bolsa de Valores de São Paulo por causa do cenário político-econômico do país. Somei todas as companhias, multiplicando o volume de ações de cada uma pelo preço da ação em 2010 e, naquele momento, início de 2016, tirei duas "fotografias". O tombo havia sido gigantesco. Entre uma foto e outra, as maiores empresas brasileiras perderam cerca de 700 bilhões de dólares em valor de mercado naqueles anos críticos.

O valor de mercado das empresas de capital aberto não é uma forma de medir a saúde de uma sociedade ou o bem-estar de um país; existem variáveis para isso, como saneamento básico, qualidade da educação, força das instituições etc. No entanto, esse cálculo traduz uma percepção do risco a que estão sujeitos os ativos locais. Os ativos se valorizam num país bem gerido e, da mesma forma, decaem quando há deterioração dos fundamentos macroeconômicos. Me pareceu elucidativo saber o tamanho da destruição de valor que uma política ruim pode trazer para a sociedade e a economia de um país.

Guarde este número: *700 bilhões de dólares.*

O que aconteceria se tivéssemos na política pessoas competentes, honestas e comprometidas em não seguir a cartilha de ninguém — apenas a própria bússola moral? Quanto custaria reformar a política brasileira? Fui atrás de respostas. Procurei políticos que conhecia e perguntei: qual o custo médio da campanha de um candidato vitorioso para o Senado, a Câmara dos Deputados? O governo do estado? A Presidência da República? Cheguei a outro número aproximado: 3 bilhões de reais.

Então cruzei os dois números: 700 bilhões de dólares em perda de valor por causa de um sistema político disfuncional, que poderia ser renovado e revigorado com 3 bilhões de reais investidos em candidatos bem formados, que repudiassem a corrupção e trabalhassem pelo bem comum. É bastante dinheiro, claro, e certamente apenas uma entre as várias maneiras de olhar a questão. No entanto, parecia pouco se comparado ao estrago. Uma diferença de mais de mil vezes. Conclusão: é proporcionalmente barato consertar o Brasil.

Comecei a testar a ideia. O Excel meio "tabajara" que eu tinha usado para fazer aqueles cálculos se transformou em alguns gráficos um pouco mais sofisticados. Com eles na mão, marquei um café com Abilio Diniz, um dos maiores empresários brasileiros e amigo próximo. Em seu escritório, no bairro paulistano dos Jardins, ele me ouviu com atenção, fez muitas perguntas, avaliou o projeto e, ao final, me deu aquela que, talvez, tenha sido a primeira bênção para o que eu começava a desenhar mentalmente. Tempos depois, levei a ideia a outros amigos. Expus os números que havia recolhido e observei a fisionomia perplexa das pessoas quando eu falava dos prejuízos que a má política trazia para o Brasil, afetando do grande empresário ao pequeno produtor ou empreendedor. Todos perdem quando o país é capturado.

Ainda estava bem distante do que, no segundo semestre de 2017, viria a ser o Renova. O que eu tinha na cabeça, então, era uma espécie de aceleradora de empreendedores cívicos. O conceito de "aceleradora" é relativamente recente e nasceu com as *startups*; nesse modelo de apoio à criação de novas empresas, o importante é que a escolhida para receber a "aceleração" tenha potencial para avançar e crescer. Em vez de apoiar um empreendedor e seu negócio, eu pensava em oferecer suporte a um empreendedor cívico, uma pessoa que desejasse entrar no jogo político com o objetivo de fazer boa política. No fundo, era uma nova forma de *venture capital*, ou capital de risco — porque (e, para mim, esse era o ponto fundamental) a ideia era justamente não pedir nada em troca do apoio. Um dos amigos a quem eu havia apresentado minhas inquietações, Humberto Laudares, cientista político e economista com boa experiência em gestão pública, sugeriu um nome para essa empreitada: Fundo Cívico Para a Renovação Política.

Os empreendedores cívicos que o Fundo apoiaria teriam que se encaixar em algumas regras. Deveriam ser novatos na política, ou seja, não ter ocupado cargo eletivo anterior. Quem já estava na política poderia ter relações com o esquema vigente, mesmo que tivesse chegado com as melhores intenções, e a ideia era atrair gente sem amarras, sem obrigações para com partidos ou grupos aos quais deviam o financiamento de suas campanhas ou outros favores. Não poderiam ter nenhum envolvimento com qualquer atividade criminosa (claro). Deveriam mostrar entusiasmo por aprender a navegar no universo político e submeter-se a um baita processo de seleção. Ainda assim, a questão-chave, me parecia, era viabilizar a jornada de candidatos qualificados. Naquele momento, eu era movido pelo raciocínio de apoiar candidatos individuais. Chegar ao ponto de maturidade do Renova exigiria muito tempo, trabalho e reflexão. Aos poucos compreendi que, para avançar, precisávamos de grandes ondas, e evoluí desse raciocínio "individual" para um pensamento estrutural. Precisávamos de mais do que apenas alguns indivíduos.

De todas as regras, a que me entusiasmava era apoiar a entrada de gente nova na política por um caminho que ainda não tinha sido trilhado, ajudando a estabelecer uma nova referência. Quem tem cargo político hoje conta com gabinete, assessores, verbas diversas. Já, quem se lança na política saindo do nada... só tem a cara e a coragem. Eu queria ajudar essas pessoas com conhecimento, capital e mentoria — mas, insisto, era algo ainda muito distante do que viria a ser o programa estruturado do Renova. "Vamos investir nesses caras porque, se eles derem certo, será bom para o Brasil." Esse era o meu mantra, pois achava que gente boa, no final do dia, ajuda a puxar mais gente boa. Além disso, se atrelasse esse apoio a ideias defendidas por mim ou por aqueles que começavam a se aproximar do projeto, cairíamos na mesma armadilha que eu queria evitar. Concluí então que um processo de seleção bem conduzido, criterioso, que identificasse gente boa, decidida a trabalhar pelo país, independentemente de matizes ideológicos, poria o Fundo Cívico de pé.

Depois da bênção de Abilio, uma das primeiras pessoas com quem falei sobre o projeto foi Claudio Szajman, filho de Abram, empresário fundador da Vale Refeição. Claudio e eu tínhamos nos encontrado pela primeira vez em Nova York, alguns anos antes, quando morei na cidade. Nos conhecemos no ambiente de negócios, mas o que nos aproximou, de fato, foi um interesse comum pelos desafios do Brasil, que ele acompanhava de longe, uma vez que morava em Manhattan desde 2012, e ao mesmo tempo de perto, já que muitos de seus empreendimentos estavam aqui. Foi ele quem me colocou em contato com Luciano Huck, que, naquele momento, não ventilava a ideia de se candidatar a nada. Filhos de famílias judaicas de São Paulo, Claudio e Luciano se conheciam havia décadas, e para Claudio estava nítido que tínhamos ideias muito próximas sobre o país. Expliquei meu plano a ambos, em oportunidades diferentes, e gostaram bastante da iniciativa.

Cada vez mais entusiasmado, voltei a Humberto Laudares, que colecionava passagens pela Secretaria de Economia e Planejamento do governo estadual de São Paulo e pela Comissão de Assuntos Econômicos do Senado Federal, onde trabalhou com Tasso Jereissati. Humberto, que foi um dos fundadores do movimento Agora e avaliava se seria candidato a deputado federal em 2018 (resolveu se candidatar, mas não se elegeu), comprou a ideia de imediato. Gabriel Azevedo, o jovem advogado mineiro que, tempos depois, daria a aula final da primeira classe do Renova, na Praça dos Três Poderes, adorou a proposta e mergulhou de cabeça. Dia após dia, submeti o que podia parecer uma excentricidade a gente que eu respeitava. Vinha obtendo um retorno suficiente para não desistir. Uma reação frequente era me perguntarem por que eu mesmo não me candidatava. Respondia o que respondo até hoje: porque, de alguma maneira, estou convencido de que seria mais eficaz ajudar um monte de gente do que atuar como uma andorinha solitária.

Tinha minhas inseguranças, dúvidas e um receio gigantesco de fracassar. De qualquer forma, resolvi ir em frente e tocar o projeto. Acho que meu maior medo era não fazer. E se não fizesse algo as coisas não mudariam. Seria a vitória do *statu quo*, mais uma vez...

II. Como um surto de sarampo mudou tudo

Não nasci com a política no sangue. De certa maneira, fui levado a ela pelas circunstâncias.

Venho de uma família de classe média paulistana, filho único de uma professora da rede pública, servidora do estado, e de um descendente de imigrantes que fez carreira trabalhando em uma indústria de autopeças. Minha avó materna, Maria Aparecida, também foi professora, porém da rede municipal; morava na Baixada do Glicério, que na época era um lugar tranquilo, e dava aulas no jardim de infância para crianças de famílias imigrantes japonesas, na Liberdade. Era uma mulher moderna para seu tempo, a ponto de casar-se com um homem mais novo, meu avô, um contador de Franca, no interior paulista, a quem havia conhecido casualmente na rua. Tiveram três filhos, minha mãe a primogênita. Chamava-se Teresa.

A família do meu pai, Elias, veio de Bishmezzine, no norte do Líbano. A história desse braço dos Mufarej rende um romance. Uma das irmãs de meu avô paterno foi abandonada no altar, o que, na aldeia onde viviam, era evento devastador na vida de uma moça. Como filho mais velho da prole de cinco, meu avô, Habib, foi incumbido de viajar com a noiva frustrada para Santa Fé, na Argentina, onde morava outra irmã. A ideia era deixar minha tia-avó em segurança lá, esperando que ganhasse uma chance de recomeçar, e voltar para o Líbano, onde, por ser o primogênito, tinha responsabilidades. Fizeram a viagem de navio, partindo de Marselha, na França. Durante o percurso houve uma epidemia de sarampo a bordo, de modo que, na chegada a Buenos Aires, ninguém pôde desembarcar. O navio fez meia-volta em direção ao Brasil e ancorou na Baía de Guanabara, tentando o desembarque. Meu avô e a irmã conseguiram descer milagrosamente, e no Rio foram orientados a vir para São Paulo, onde, aparentemente, viviam outras pessoas da mesma região que eles. Naquela altura, já havia na capital paulista uma grande colônia árabe, próspera e solidária.

Em São Paulo, aproximaram-se da comunidade e minha tia-avó casou-se com um imigrante sírio. Meu avô também encontrou uma esposa, Helena, filha de sírios, nascida em Santos, cujo porto recebeu inúmeras levas de imigrantes no começo do século 20. Tiveram três filhos, meu pai, o primogênito. Montaram um armarinho próximo da avenida Jabaquara, a Casa Elias. Esse avô nunca retornou ao Líbano.

Minha mãe puxou à minha avó em independência e ousadia. Estudou em escola pública a vida inteira e foi aprovada no vestibular para o curso de letras na Universidade de São Paulo. A família, típica de classe média, vivia com dignidade, mas todos precisaram trabalhar desde cedo. Ela, uma mulher bonita e articulada, dava aulas de francês e um dia descobriu que podia ganhar algum dinheiro distribuindo folhetos no Salão do Automóvel. Foi nessa feira, bastante popular ainda hoje em São Paulo, que conheceu meu pai, gerente comercial que ficava a postos no estande da empresa de autopeças em que trabalhou a vida inteira. Havia uma boa distância de idade entre eles: meu pai era nove anos mais velho. Apaixonaram-se e casaram-se em 1974. Foram morar em uma casa na rua Guapiaçu, no Planalto Paulista, Zona Sul da cidade, perto do aeroporto de Congonhas; nasci nesse lugar. Não era um casamento harmonioso: separaram-se em 1983, quando eu tinha 7 anos, e fiquei sob a guarda da minha mãe. A essa altura, já morávamos num apartamento na rua Saint-Hilaire, no Jardim Paulista. Meu pai saiu e montou a própria casa. Passei a viver aquela rotina de filho de pais separados, com a mãe durante a semana, com o pai aos sábados e domingos.

Como professora pública, minha mãe tinha constantes atritos com as políticas oficiais para a categoria. Menino, fui com ela a manifestações da Apeoesp, o Sindicato dos Professores do Ensino Oficial do Estado de São Paulo, e do recém-criado Partido dos Trabalhadores, algo que nunca esqueci. Havia alguma coisa no ar ali, algo diferente, que hoje identifico como um sentimento forte de injustiça social, de incômodo com a pobreza e o descaso. Minha mãe dava aulas na Escola Estadual Heloísa Carneiro, que ficava a quinze quilômetros da nossa casa, mas parecia outro mundo. Quando se divorciou do meu pai, não pediu pensão. Contudo, como o salário de professora era insuficiente, decidiu mudar de carreira. Inicialmente migrou para a área de publicidade e, com o tempo, abriu a própria empresa, a Tema.

Casou-se pela segunda vez com Claudio Fernandes, que vinha de família tradicional, de donos de banco e empreendimentos imobiliários, porém quebrados na década de 1980. Ainda assim, por meio de Claudio fomos apresentados a um padrão de vida bem mais sofisticado do que o que conhecíamos até então. Claudio tinha um filho, Pedro, quatro anos mais novo que eu;

crescemos juntos e nos tratamos como irmãos, a ponto de nossos filhos se considerarem primos e serem melhores amigos. Minha mãe e Claudio tiveram um filho, Tomás, a quem vi nascer e crescer. Sempre fomos muito companheiros, e fiquei profundamente preocupado com ele quando minha mãe descobriu o câncer de mama que a mataria em 30 de abril de 2004. Tomás tinha apenas 12 anos e acompanhou daquele jeito corajoso das crianças toda a doença dela, inclusive o sofrimento causado pela metástase. Anos mais tarde, fez faculdades de letras, jornalismo e direito. Trabalha em um grande escritório de advocacia em São Paulo.

Meu pai também se casou de novo, com Selene, que, curiosamente, tinha sido colega de sala da minha mãe na faculdade. Os dois tiveram meu irmão César, de quem sempre fui próximo. César é empreendedor na área de jogos para celular, coisa que faz muito bem.

De minha mãe herdei — e levei para a vida — um certo inconformismo, a mesma ousadia para assumir riscos, algo que faltava a meu pai. O plano recomendado por ele era seguir uma carreira linear e buscar um emprego com um bom salário. Era — é assim até hoje — um cara equilibrado e pé no chão. Acho que minha mãe é que era a exceção, com sua postura permanente de "vai lá, pega e faz". Se eu dissesse a meu pai que queria fazer um curso qualquer, ele responderia: "Quem vai pagar?" Se fizesse a pergunta à minha mãe, ouviria: "Vai lá. Dá um jeito e faz." Do meu pai herdei uma certa prudência que não seria de todo má para o que eu viria a fazer da vida, anos depois. Meus amigos reconheciam meu jeito ponderado e, meio a sério, meio zoando, me chamavam de "mestre da temperança".

Eu me dava bem com minha mãe e com meu padrasto, um cara bacana que sempre me tratou com muito respeito. Não me ressenti nem mesmo quando ela e meu pai decidiram me transferir para um colégio de elite, porém distante de casa, o Santo

Américo, conhecido pelo regime de semi-internato. Era um colégio de gente rica e não éramos ricos; eu era dos poucos na minha sala, por exemplo, que nunca tinha viajado para o exterior. Com 8 anos, fiz uma prova e fui aceito para a terceira série, hoje quarto ano do ensino fundamental.

A mudança foi difícil. Às seis e meia da manhã lá estava eu na esquina de casa para pegar o ônibus que me levaria à escola — a condução não entrava na minha rua, que era pequena, então eu é que ia ao encontro dela. Tímido, filho único de pais separados, eu era alvo de gozação já no ônibus. Do ponto de vista pedagógico, eu não era um aluno notável, mas apresentava um desempenho decente, com destaque para as áreas que sempre me interessaram mais: história e geografia. Do ponto de vista social, o problema foi mais sério. Demorei a me acertar, e não sem sofrimento. Entretanto, uma vez habituado à escola, só entrei em crise de novo no primeiro ano do ensino médio, ensaiei sair, e no final acabei ficando. Aquele ano, 1985, foi dos primeiros em que o Santo Américo aceitou alunas — até então era uma escola exclusivamente masculina. Não que o colégio tivesse sido inundado de meninas; na minha sala, eram apenas três e 27 rapazes. Foi no Santo Américo que conheci minha mulher, Juliana — ainda que ela não tenha muitas lembranças dessa época. Ela é um pouco mais nova e não fomos colegas de sala, apenas contemporâneos.

Quando terminei o terceiro colegial, tinha acabado de completar 17 anos — entrei mais cedo na escola e era sempre o caçula em todas as turmas. Um amigo do meu prédio, Renato, passara um ano fora em um programa de intercâmbio, e eu fiquei com isso na cabeça. Discuti o assunto com meus pais e todos acharam boa ideia. Não demorou e fui morar por sete meses nos Estados Unidos, em uma casa de família em Minnesota. St. Peter era uma cidade pequena, com uma placa na entrada que informava haver 9.201 habitantes, além de fria pra burro. Meus "pais" eram típicos americanos de classe média. Não fizeram faculdade, mas trabalhavam duro e conquistaram um bom nível econômico. Ela trabalhava para uma distribuidora de cigarros e tomava vinte latas de Coca Diet por dia; ele vendia material elétrico. Tinham dois filhos um pouco mais novos do que eu, Joseph e Jason, fanáticos por hóquei no gelo e com quem até hoje mantenho contato pelas redes sociais.

Eu achava que falava inglês. Quando cheguei descobri que não falava porra nenhuma. Aprendi rápido, pressionado pela necessidade, e falar fluentemente a língua está entre os aprendizados que mais me ajudaram na vida.

Como já tinha terminado o ensino médio no Brasil, na escola que frequentei em St. Peter optei por disciplinas que me despertavam curiosidade, como jornalismo, marcenaria e artes. Fiquei fã do sistema de eletivas, e não entendia por que no Brasil não havia algo parecido. Das obrigatórias, uma me chamou a atenção, US Government. Parecia-se com as antigas OSPB (organização social e política do Brasil) e educação moral e cívica, que faziam parte do currículo escolar brasileiro, mas fez muito sentido para mim que fosse ministrada naquele momento, o último ano antes da universidade. Era quando os alunos se preparavam para votar; portanto, havia aulas sobre o regime democrático americano e seu sistema partidário peculiar, que acabou por tornar-se bipartidário na prática, com eleições dominadas por candidatos democratas e republicanos — ainda que tenha havido alguns candidatos independentes com certo poder de fogo em pleitos presidenciais. Também se ensinava o funcionamento do voto de distrito, algo que entrou no meu radar naquela época e nunca mais saiu. Sou desde então um defensor do voto distrital, que considero mais coerente por criar laços de proximidade entre eleitores e candidatos.

Fui feliz enquanto estive lá; parece até que passei mais tempo em St. Peter do que realmente passei. Quando voltei, era outra pessoa. Eu vinha da experiência de altos e baixos no Santo Américo e a vivência americana me trouxe a possibilidade de um recomeço, de construir uma nova imagem de mim mesmo. Eu já não era o cara mais jovem da turma, conhecido como Silveira, meu sobrenome do meio; eu era o Ed, o cara que veio do Brasil e tinha muitas histórias para contar. Nos Estados Unidos, fortaleci minha autoestima e a confiança em mim mesmo. Mantenho amigos daquela fase até hoje, gente que se espalhou pelo mundo — os mais próximos vivem nos Estados Unidos, na Suécia e na Noruega. Em 2014 fui à festa de vinte anos de nossa formatura.

Me encantei também com o valor do civismo para os americanos: lá todo mundo tem um papel, muita gente se dedica ao trabalho voluntário e aquilo que não é meu nem seu — e sim "nosso" — é cuidado por todos. Todos (sim, todos) os meus amigos trabalhavam fora dos horários da escola; eram empacotadores de supermercado, jardineiros — todo mundo juntando dinheiro para a universidade. Como trabalhava nas férias no Brasil, logo fui atrás de alguma função que pudesse executar. Limpei entradas de casas no inverno, afastando a neve, e fui salva-vidas na primavera e no verão. Era uma sociedade mais homogênea, todos na escola pública e todos trabalhando. Seria bacana se houvesse isso no Brasil, eu pensava.

Quando voltei dos Estados Unidos, minha mãe estava morando em Alphaville, na Grande São Paulo. Fui fazer cursinho, querendo prestar vestibular para jornalismo ou história, duas carreiras que me atraíam. "Vai morrer de fome", meu pai profetizou. "Se você quer, vá atrás", estimulou minha mãe. Dessa vez, porém, meu pai falou mais alto. Fui aprovado em três cursos: publicidade, na ESPM, e administração, na Faap e na PUC-SP, à noite; escolhi a PUC. Era quase uma autopenitência: meu pai vinha pressionando muito. Para ele, eu tinha estudado fora, recebera uma boa formação e estava na hora de "começar a girar", ou seja, trabalhar para ajudar no meu sustento; ele próprio começara cedo, vendendo garrafas usadas aos 14 anos, e só concluiu a faculdade (de direito) aos 30 anos. Na época dele, o diploma universitário era um grande diferencial. Na minha época, ter feito faculdade também era um requisito, uma etapa necessária, mas, em retrospecto, acho que foi um investimento altíssimo em tempo, energia e dinheiro para um retorno mais do que questionável (exceto por alguns bons amigos, um diploma e uma festa de formatura). Estou cada vez mais convencido de que uma formação mais rápida, que custe pouco e agregue competências e habilidades necessárias para o mercado de trabalho, é tendência forte.

Naquele momento, ouvi meu pai. Fui para o curso noturno e no primeiro dia de aula já estava trabalhando. Eu tinha 18 anos. Entrei na turma de 1995 e só me formei em 2002 — porque no meio do caminho teve uma viagem.

III. Pra que serve um mochilão na Europa

Meu primeiro emprego foi com minha mãe, como vendedor.

Após trabalhar no magistério e na área de publicidade, ela abriu um pequeno negócio de brindes — vendia produtos promocionais para empresas. Fiquei com ela alguns meses, até me inscrever no programa de *trainees* da Câmara Americana de Comércio, a AmCham, no segundo semestre de 1995. Foi a primeira entrevista de trabalho e dinâmica de grupo de que participei. Acho que entrei graças ao meu bom inglês. Passei mais de três anos lá, entre 1995 e 1997 e parte de 1998. Com minha família já em Alphaville, decidi me mudar para a cidade de São Paulo, onde dividi apartamento com o então colega de trabalho e atualmente ator Ricardo Tozzi. Somos amigos próximos até hoje.

Ao longo desse tempo, poupei o suficiente para uma viagem pela Europa no início de 1998. Pedi uma licença não remunerada e fui estudar história na França. Escolhi um curso sobre civilização francesa na Universidade Sorbonne, que meu pai bancou com o dinheiro que destinaria à faculdade que eu tinha trancado, e todo o restante — moradia, alimentação, transporte — ficou por minha conta.

Isso significava viver com pouco dinheiro. O melhor que consegui foi um apartamento estudantil perto da Cidade Universitária, na Place d'Italie, um lugar médio-ruim em um bairro ruim onde morei durante os sete meses em que estive em Paris. Zero glamour: apartamento minúsculo, aquecimento exagerado e banheiro tão pequeno que eu, com meu 1,83 metro, mal cabia dentro dele. Eu não falava francês, o idioma do curso, e ralei para aprender em tempo recorde (aprendi precariamente). Em retrospecto, acho que o curso foi apenas razoável; o que ele me deu de melhor, além da experiência de conhecer um pouco uma universidade europeia, foram dois amigos ingleses, John Prideaux e Andrew Nethercot, que levei para a vida. Também aproveitei intensamente a vasta rede de conexões ferroviárias a partir de Paris e viajei de mochila por toda a Europa com um guia *Lonely Planet* embaixo do braço. De certa forma, foi um tempo para mim, uma recompensa pelos quase três anos em que trabalhei durante o dia e estudei à noite, sem pausa, sem férias.

Voltei ao Brasil em julho. Tinha combinado voltar para a AmCham e cumpri o acordo; sempre levei a sério os acordos e eles foram muito corretos comigo. Eu tinha decidido empreender uma mudança de rota e deu tempo para pensar no que seria: o mercado financeiro parecia um lugar para explorar. Chegando perto do final de 1998, um amigo me indicou para uma vaga no Citibank. Fiz entrevistas e me contrataram para cuidar de cadastros e de cálculo de cotas. Minha avó morava perto do banco e me mudei para a casa dela.

Logo percebi que não ficaria por ali muito tempo: o trabalho não tinha nada a ver comigo. Felizmente havia um cara perto de mim, Alex Mainero, que simpatizou comigo e me chamava para dar dicas, falar das áreas que poderiam ser mais atraentes, rentáveis e desafiadoras no ambiente de banco. "Você tem que trabalhar em um banco de investimento", ele me dizia. Eu nem sabia direito o que era isso, mas, quando ele arrumou para mim uma entrevista na área de fusões e aquisições do próprio Citi, eu me apresentei. Não consegui a vaga. Por outro lado, aquilo ficou na minha cabeça. Pouco depois, um conhecido me falou sobre uma posição na operação brasileira do banco francês CCF. Mais uma vez me inscrevi no processo seletivo, me entrevistaram e então fui contratado, para a área de fusões e aquisições, lidando com dados sigilosos. Parecia interessante. Ao todo, eu tinha ficado cinco meses no Citibank. Saía sem sofrimento.

O mundo palpitante que eu esperava encontrar não estava exatamente ao meu alcance — não naquele momento. No meu primeiro dia de trabalho, me apresentei para o meu chefe, um cara responsável pela gestão dos analistas e do estagiário (eu era o único da área). Ele tirou os olhos da tela do computador para me observar por alguns segundos e disse apenas: "Olha, estou cuidando de um projeto importante e só posso falar com você no mês que vem. Estamos sem espaço físico aqui, portanto, vai para o outro andar e fica lá. Se eu precisar de você eu te chamo."

Não é possível, pensei. Que roubada! Meu "chefe" ficava no terceiro andar e eu no segundo, dia após dia, esperando sei lá o quê. A internet era ruim naquela época e eu ficava lendo relatórios ou ao telefone, ou seja, sentado sem fazer quase nada. Ao mesmo tempo, tentava emplacar alguma tarefa: diariamente subia ao terceiro andar e perguntava se tinha algo que eu pudesse fazer. Um dia vi uma cara nova, um executivo que acabara de chegar da França, meio perdido. Seu nome era François Décamps. Como já virara hábito, falei quem eu era e pedi que me desse algum trabalho — eu fazia a mesma súplica praticamente a qualquer pessoa que aparecesse. Ele achou graça e me "adotou". Com meu francês do mochilão e meus contatos dos tempos da Câmara Americana de Comércio, apresentei a esse chefe laçado na marra muitos dos meus conhecidos do mundo empresarial. Ele foi melhorando o português e eu o ajudava até onde conseguia. Nada de investimentos, ainda, mas eu não me importava. Estava aprendendo e até me divertindo.

No fim daquele ano, minha mãe me propôs voltar a trabalhar com ela na empresa de brindes. O negócio prosperava e ela estava animada. "Estamos indo muito bem. Você não quer vir ajudar?" Eu quis.

Depois de nove meses no CCF, pedi demissão e mergulhei no negócio da minha mãe. Achava que poderia ajudar em algo e que um dia, eventualmente, o empreendimento dela seria meu, o que fazia sentido naquele contexto. Meu pai achou uma loucura completa. Vivi então uma experiência que me deixou marcas profundas. Na virada de 2000 para 2001, quando mais uma vez o Brasil acenava com uma perspectiva de aceleração e de crescimento, entramos em uma crise energética que brecou inúmeros negócios. Outro voo de galinha. Fruto de uma combinação de falta de investimentos em geração e transmissão de energia com uma seca prolongada, a crise impôs ao país um apagão que durou de maio de 2001 a fevereiro do ano seguinte. Empresas e famílias foram obrigadas a racionar energia. Cidades tiveram que fazer cortes em iluminação pública. Jogos de futebol e eventos culturais noturnos foram proibidos pelo governo Fernando Henrique Cardoso, FHC, então em segundo mandato. Anos depois, uma auditoria do Tribunal de Contas da União estimou em mais de 45 bilhões de reais o prejuízo causado pelo apagão.

Muitas das empresas que contratavam os serviços da nossa recuaram. A cada mês o faturamento embicava mais. Minha mãe não queria demitir funcionários e trabalhava loucamente para recuperar projetos perdidos, produzindo uma bola de neve de endividamento. "São vidas, filho, não posso mandar essas pessoas embora", ela me dizia. Apesar do empenho, o negócio fez água. Falimos tão fragorosamente que quebrei como pessoa física. Fiquei com nome sujo na praça, sem dinheiro para pagar conta de celular. Foi a única vez na vida que pedi dinheiro emprestado ao meu pai; me lembro até hoje: 700 reais. Que eu paguei, sem juros, daí a alguns meses, quando a vida melhorou.

Melhorou para mim, mas não para o negócio de minha mãe. As tentativas fracassadas de recuperar a empresa trouxeram enorme sofrimento para ela. Não muito tempo depois descobriu o câncer que a mataria. Não quero, claro, atribuir a morte de minha mãe apenas a esse processo, mas fato é que ela morreu.

Abro aqui parênteses para um salto no tempo.

Em abril de 2020, com o Brasil mergulhado na mais profunda crise econômica de sua história por causa da pandemia de covid-19, a saga triste de minha mãe me veio à mente quando, dia após dia, chegavam a mim notícias de negócios e mais negócios que fechavam as portas por falta de crédito. "Quantas Teresas deve haver por aí?", pensei. Gente que foi pega no contrapé, submetida a todo tipo de estresse para obter crédito e continuar operando, sem sucesso. E no Brasil, como sabe qualquer empreendedor que já faliu, é tarefa hercúlea (quando não impossível) reerguer-se depois de uma quebra. O empreendedor vira um morto-vivo.

Pensei em como podia ajudar. E comecei a organizar o Estímulo 2020.

Fui buscar inspiração nos *relief funds* (fundos filantrópicos) americanos e, em poucas semanas, angariamos apoios e créditos para oferecer a negócios em apuros por conta da pandemia, em uma iniciativa 100% privada, sem fins lucrativos, que uniu grandes executivos, empresários, empreendedores sociais, ONGs e empresas. Mobilizei para isso a estrutura da Good Karma Ventures, veículo de investimentos de impacto social que eu havia criado no final de 2019. Nossa visão era: vamos abrir a nossa porta para outras portas não terem de fechar. Em menos de trinta dias montamos um sistema de crédito simples, subsidiado e a fundo perdido para apoiar pequenos negócios mais afetados pela pandemia. As inscrições eram on-line; a aprovação, sem burocracia; o desembolso, rápido; e o dinheiro que voltava era logo reinvestido em outros negócios em dificuldades.

Lançamos o projeto em uma data simbólica, dia 1º de maio, Dia Internacional do Trabalhador. Em menos de um mês, o Estímulo 2020 beneficiou 260 empresas em São Paulo com os primeiros 20 milhões de reais que levantamos e expandiu-se para Minas Gerais, onde obtivemos 75 milhões de reais para as pequenas empresas mineiras. Em Minas, 15 milhões foram arrecadados por meio de doação de empresários locais, num esforço capitaneado por Eugênio Mattar, CEO da Localiza, e por Pedro Faria, meu sócio desde os tempos da Tarpon. Os 60 milhões restantes vieram de uma parceria com a cooperativa de crédito Credifiemg.

O Estímulo 2020 foi, possivelmente, a primeira iniciativa de crédito com propósito no Brasil. Recebemos centenas de relatos de empreendedores agradecidos pela ação, que deu a eles respiro para seguir com seus negócios, mas agradecidos, sobretudo, pela "dignidade" — palavra que apareceu muitas vezes nesses depoimentos — com que foram tratados.

Um detalhe: por pouco o Estímulo 2020 não emperrou devido à burocracia brasileira. Como obter um novo CNPJ neste país é missão para meses, só consegui estruturar o fundo em tempo hábil aproveitando um antigo CNPJ registrado em nome de uma ONG que constituí em 2009 para apoiar atletas de rugby e que havia algum tempo estava inativa. O sócio do escritório de advocacia que ajudou a botar de pé o Estímulo, o ex-jogador de rugby Fernando Mirandez, me lembrou da ONG e rapidamente a convertemos no Estímulo. Desde então comecei a pensar em maneiras de evitar que outras iniciativas passassem pelo mesmo perrengue. Assim, me juntei a dois escritórios de advocacia de São Paulo, Pinheiro Neto e PLKC, para trabalhar na construção de um projeto de lei que permita uma formatação mais ágil para fundos filantrópicos emergenciais no Brasil. Nosso objetivo é que as próximas crises não atrasem o enfrentamento de problemas perecíveis, mas nem por isso menos graves.

Em abril de 2000, o banco britânico HSBC comprou o francês CCF, onde eu tinha trabalhado, em uma operação que mobilizou a Europa. Em alguns meses os efeitos da aquisição cascatearam para o Brasil. Décamps, o executivo francês a quem eu havia ciceroneado logo na chegada ao país, não apenas se manteve nos quadros após a fusão, como ainda foi promovido a chefe do banco de investimentos, em São Paulo. Ele se lembrava de mim. Me ligou. "Edu, você não quer voltar?", sondou, falando um português já bastante bom.

Mesmo quebrado, com nome sujo e negativado, blefei: "Estou feliz por ter se lembrado de mim, François. Mas estou bem aqui e tal, negócio indo bem..." Felizmente, ele insistiu que eu fosse conversar. Fui com meu pai, que ficou me esperando em um restaurante próximo da sede do novo banco, no bairro do Itaim. Saí desse encontro com uma proposta que me permitiria botar a vida financeira em dia. Voltei para o banco, agora o HSBC.

Aquele ano de 2001 e o seguinte não foram exatamente tempos de prosperidade para o setor bancário, assim como não tinham sido, em escala muito menor, para o negócio da minha mãe. Recém-saído de uma fusão, contabilizando uma nova estrutura física e avaliando o time, o HSBC não obteve um bom desempenho. Um ano e meio depois da minha chegada ao banco, dez das treze pessoas da minha área foram demitidas. Eu não estava entre elas. "Agora você é o chefe aqui. Sua missão é negociar a saída dos mandatos que temos em andamento e não trazer nada novo", me disse meu diretor, que já não era François Décamps.

Em bancos de investimentos, trabalhamos com mandatos assessorando empresas ou seus acionistas na compra ou venda de ativos. Nossos clientes souberam do facão que pesou sobre a área, mas, surpreendentemente para mim, quiseram continuar comigo. Trabalhando com apenas dois profissionais, eu mal conseguia dar conta da demanda. Marcava reuniões para, entusiasmado, dizer ao meu chefe da fidelidade dos clientes, e ouvia dele: "Não, não, tal cliente dá muito trabalho, melhor se ele sair." Eu não entendia aquela postura. Comecei a me dar conta de que o melhor era eu mesmo sair do banco, que parecia não ter mais nada a ver comigo.

Enquanto eu pesquisava um MBA e começava a estudar para o GMAT,* tentava pensar nos próximos passos da minha carreira. Estava com um medo enorme de não chegar a lugar algum. Foi nessa época que esbarrei no Zeca, José Carlos Reis de Magalhães Neto, que eu conhecia a distância desde os tempos do Santo Américo. Zeca também tinha estudado administração, porém na Fundação Getulio Vargas. Um amigo em comum, Ricardo Ortiz de Kugelmas, o Rica, nos convidou para passar o final de semana no Rio, e acabou que aquele reencontro em meio às turbulências do HSBC veio em um bom momento. Conversamos muito sobre trabalho e sobre as áreas de mineração e metalurgia, setor no qual eu, por acaso, havia me especializado ao longo da minha trajetória no banco. Essa conversa evoluiu para uma sondagem: e se eu me juntasse ao Zeca em um empreendimento no qual ele vinha trabalhando fazia um tempo? Outro dos sócios era Pedro Faria, também da nossa época do Santo Américo, de

---

* GMAT (sigla em inglês para Graduate Management Admission Test) é um exame de aptidão lógica e verbal na língua inglesa exigido para a admissão na maior parte das escolas de negócios dos Estados Unidos e da Europa.

uma família de banqueiros — seu avô, Gilberto Faria, estivera à frente do banco Bandeirantes. O negócio em questão era uma gestora de investimentos que se chamava Tarpon, nome em inglês de um peixe grande e valente de águas tropicais, chamado no Brasil de camarupim.

Um dos principais promotores desse movimento era o próprio Rica, que, àquela altura, já trabalhava na Tarpon. Ouvi atento enquanto Zeca me contava da nova empreitada. Eu sentia muita vontade de empreender e ali vi condições excepcionais para fazer essa tentativa. Estávamos na passagem de 2003 para 2004 e eu entendia que tinha algo a aportar na Tarpon. Entramos em acordo, pedi demissão do HSBC e me lancei no negócio que, quase quinze anos depois, me daria condições para tirar o "sabático cívico" do qual resultaria o Renova.

Aquele não foi o único reencontro envolvendo colegas do Santo Américo. Em abril de 2004, já na Tarpon, precisei lidar com o baque da morte da minha mãe. Na missa de sétimo dia, na igreja do Perpétuo Socorro, estava Juliana. Conforme contei, tínhamos estudado na mesma escola e eu me lembrava dela; ela não se lembrava de mim. De vez em quando nos encontrávamos em saídas com amigos comuns e em baladas, mas nada acontecia. Ela me achava "metido" — confessaria anos depois —, sem entender que, na verdade, eu era tímido mesmo. Porém, quando leu o anúncio fúnebre no jornal, uma luzinha acendeu e Juliana, sem conseguir sequer explicar a si mesma por quê, foi à missa. Mesmo que não fôssemos tão próximos, Ju, de alguma forma, entendeu a dimensão do que tinha acontecido e esperou o final da cerimônia para me dar um abraço.

Quando penso nisso, ainda hoje me vem a impressão de que a vida é mesmo muito louca.

Depois desse reencontro, ensaiamos uma aproximação que demorou alguns meses até virar namoro: nosso primeiro beijo aconteceu em outubro de 2004, no feriadão de Nossa Senhora Aparecida, durante uma viagem ao litoral norte de São Paulo. Ju e eu nos hospedáramos com amigos e eu começava a achar que ela não queria nada comigo, quando finalmente aconteceu. Na virada de 2006 para 2007, o namoro estava firme e os pais dela me convidaram para um cruzeiro de Réveillon; aceitei, claro, e aproveitei a oportunidade para, depois do brinde de Ano-Novo, pedir a mão dela em casamento.

O detalhe é que nunca tínhamos tocado nesse assunto. Todos foram pegos de surpresa, inclusive, e principalmente, Juliana. Nos casamos em maio de 2008 na São José, uma bonita igreja revestida de tijolinhos alaranjados, no coração do Jardim Europa. No ano seguinte nasceu nossa primeira filha, Teresa, batizada em memória de minha mãe. Em 2011 veio Isabel e quatro anos depois nasceu Antonio.

IV. "Como é que a gente faz a diferença?"

Fiz minha carreira no setor privado, em um ambiente altamente competitivo e meritocrático. Talvez por isso eu olhasse com interesse e curiosidade para conhecidos que trabalhavam no governo, em que mesmo pequenas medidas tinham impacto em larga escala. Um interlocutor para esses meus questionamentos era Daniel Sonder, CFO (diretor financeiro) da B3, a Bolsa de Valores de São Paulo, na época em que eu escrevia este livro.

Daniel é um cara da minha geração, inteligente e comprometido com o país, com passagem pelo governo do estado de São Paulo e pelo BNDES, entre 2002 e 2006, e, na sequência, uma carreira bem-sucedida no banco Credit Suisse. Era das poucas pessoas que eu conhecia com experiência em gestão pública. Lembro-me de um almoço que tivemos — em 2008, talvez. Saindo do restaurante, atravessando uma avenida de São Paulo num começo de tarde ensolarado, Daniel me disse algo que ficou martelando na minha cabeça: "A gente pode fazer o melhor trabalho do mundo, o que for, mas, se não mexermos na estrutura de financiamento das campanhas políticas, será muito difícil o Brasil avançar."

Eu nunca tinha parado para pensar no assunto. Campanhas precisam de santinhos, camisetas, broches e adesivos, filmes para TV, viagens. Quando alguém se candidata, quem está pagando essa conta? De graça não há de ser. Deixei Daniel falar. Não gravei as palavras exatas, mas o sentido do que me dizia era mais ou menos este: "Você é um cara honesto que entra na política. Para entrar na política, você se filia a um partido. Aí é preciso fazer campanha. Se você não for rico, com dinheiro para bancar a própria campanha, terá que arrumar fundos. Os partidos te oferecem esses fundos. Muitos líderes partidários dizem: 'Não se preocupe que eu vou assumir essa questão pra você.' E assumem. Se tudo der certo, nosso cara honesto é eleito. Chega lá cheio de boas intenções, sem saber ainda que sua capacidade de fazer as políticas públicas que achava importantes estará inevitavelmente cerceada pelas dívidas que alguém assumiu em nome dele durante a campanha. E esse é um sistema que se retroalimenta."

Daniel não poderia ter sido mais didático. "Suponhamos que nosso político honesto recém-eleito obteve um cargo no Executivo e precisa fazer uma chamada pública para uma obra. Nessa hora, o líder partidário que ajudou lá atrás reaparece e diz: 'Boa, é para contratar aquela empresa ali.' Nosso político honesto se indigna. Protesta. O líder partidário vai argumentar: 'Lembra quando o partido te ajudou durante a campanha? Então, essa empresa nos apoiou, temos que retribuir.' A pressão é forte. Nosso político cede."

Nos anos seguintes, a Operação Lava-Jato confirmaria o relato do meu interlocutor. Ficou claro, para mim, que a questão do financiamento eleitoral estava na raiz da corrupção brasileira. Ao mesmo tempo, as eleições no Brasil foram ficando cada vez mais caras e mais sofisticadas. Apareceram os marqueteiros. Eleição virou um negócio gigante.

Então me perguntei: o que é preciso para construir um sistema diferente? Um sistema em que você possa ajudar um candidato com quem tem afinidades, mas sem exigir nada em troca? Se eu tivesse que indicar um gatilho para as minhas primeiras reflexões sobre o que poderia ser o Renova, seria essa conversa elucidativa com Daniel. A partir daí comecei a pensar em maneiras de quebrar o círculo vicioso do clientelismo, do "toma lá dá cá". Claro que eu não dedicava todo o meu tempo a isso. Mas a ideia me rondava. A política não deveria ser a mão sombria que oferece ajuda e sequestra a alma da pessoa. Um sistema assim, opaco, não tem como dar certo.

Por essa época, conheci Sérgio Amaral, ex-embaixador brasileiro nos Estados Unidos, advogado e diplomata, homem culto e com um pé na política, um servidor público com larga experiência. Levei a ele minhas inquietações com o sistema político e as relações desse sistema com a corrupção e o atraso do Brasil. "Como é que a gente faz a diferença?", perguntei. "E se eu me filiar a um partido político? E se eu me ligar ao PSDB?", sondei, referindo-me à sigla com a qual o embaixador tinha ligações. Lembro-me bem dessa conversa, da pausa que ele fez antes de responder. "Eduardo, você tem uma inquietação, e a política deveria ser um caminho para dar vazão a ela. Mas hoje não é. O caminho de filiar-se a um partido político e tornar-se um militante é inócuo. O que você procura infelizmente não está disponível no Brasil."

Não tomei essa afirmação como uma porta que se fechava e continuei procurando um jeito, o meu jeito, de participar da política. Em 2010, conheci o ex-presidente Fernando Henrique

Cardoso em um evento e também a ele perguntei o que perguntava sempre que a oportunidade se oferecia: como é que eu ajudo? Eu sentia grande admiração por FHC. Me lembro bem do que aconteceu no Brasil em 1994: eu tinha 18 anos e a inflação era um tormento. Como ministro da Fazenda de Itamar Franco, Fernando Henrique participou da criação do Plano Real, que derrotou a inflação e deu ao país uma moeda estável. FHC foi eleito presidente naquele ano e assumiu em 1995, ano em que o IPCA baixou para 22%, caindo a menos da metade disso em 1996.

Por coincidência, naquele remoto 2010, FHC estava construindo uma plataforma de debates e ideias para a agenda nacional brasileira, o Observador Político. Celebraria seus 80 anos em 2011 e pensava em estrear no mundo digital com o portal colaborativo. Me convidou para fazer parte do conselho consultivo e aceitei. Na prática, o Observador operava quase como uma rede social política, mas, a meu ver, com pouca efetividade. No entanto, foi um balão de ensaio para o meu desejo de me aproximar da política e uma maneira de conhecer gente engajada. Foi no Observador que me apresentaram a Gabriel Azevedo, que se juntaria a mim na criação do Renova anos depois; a Pedro Markun, que fez parte da nossa primeira turma do Renova; e a Pedro Abramovay, diretor para a América Latina da Open Society Foundations, ONG do investidor e filantropo George Soros. Fernando Henrique e eu nos aproximamos nessa época e continuamos a manter contato.

Me senti motivado a entrar mais fundo na questão da participação da sociedade na política e cheguei a visitar o diretório do PSDB, num casarão na avenida Indianópolis, no bairro do Planalto Paulista, em São Paulo. Não gostei do que vi. Fui recebido por duas mulheres que não pareciam ter muita familiaridade com o partido. Me entregaram alguns folhetos e recomendaram que eu entrasse no site institucional do PSDB. Tudo muito rápido, quase automático. Saí dali pensando que todos os dias gente como eu devia bater na porta querendo saber mais, colaborar, talvez até entrar na política; essas pessoas sairiam frustradas como eu. Mas não desanimei.

No início de 2010, Fábio Ribeiro, um amigo de longa data e investidor, me chamou para um café. Ele sabia do meu interesse pela política e trazia uma proposta. Estava começando a estruturar um partido com outro amigo, com quem dividia escritório, e os dois queriam saber se eu gostaria de me juntar a eles. O amigo em questão era João Dionisio Amoêdo, administrador de empresas bem-sucedido, empenhado em lançar no cenário nacional um partido que defendesse teses liberais consagradas, com a redução da presença do Estado na sociedade, o fim da reeleição e a redução da carga tributária. Fábio me falava do projeto e eu enxergava uma agremiação que acolheria quem quisesse participar da política sem o velho beija-mão, considerando como critério o mérito individual — uma espécie de raciocínio empresarial aplicado à política.

Gostei. Ajudei. Colhi centenas de assinaturas para a constituição do novo partido. Estava animado; pela primeira vez me alinhava a uma legenda política. Contribuí com dinheiro, com contatos, com presença assídua em reuniões, com um tempo grande da minha vida. Parecia que finalmente eu tinha encontrado um canal para dar vazão àquela inquietude que Sérgio Amaral havia identificado em mim. Me emocionei quando finalmente saiu o registro do Partido Novo no Tribunal Superior Eleitoral, em 15 de setembro de 2015, com mais de um milhão de assinaturas validadas. No ano seguinte o Novo disputaria suas primeiras eleições, as municipais.

Vi no Novo uma oportunidade de bons candidatos entrarem na política sem ser pelas mãos de alguém poderoso, que já aprisiona o candidato de cara. Não para mim — nunca considerei a mim mesmo candidato a nada —, e sim para quem quisesse atuar sem se dobrar às regras estabelecidas até então, com transparência, ética e sem rabo preso.

Um pouco antes das eleições municipais de 2012, passei por minha primeira experiência em um evento de campanha, um jantar de arrecadação de fundos para a candidatura do sociólogo Floriano Pesaro. Filiado ao PSDB, Pesaro tentava se reeleger vereador por São Paulo e conseguiu. Gostei do que ouvi e, embora ainda receoso, resolvi apoiar financeiramente um candidato pela primeira vez na vida. Pensei na democracia americana e na alemã, em que doações são comuns, e entendi que, se pessoas de bem não doam, o dinheiro vai chegar de algum outro jeito e no final será pior para todos. Mas não tive muito tempo para exercitar a atividade política: estava organizando minha mudança para Nova York, onde abriria o escritório da Tarpon. Logo minha família e eu embarcamos para os Estados Unidos.

O ano de 2013 marcaria profundamente a história política brasileira. Em junho, o aumento de 20 centavos na passagem de ônibus urbanos de São Paulo foi a faísca que desencadeou manifestações em todo o país. Aos poucos, os protestos foram ganhando outra cara e os muros de São Paulo amanheceram pichados com a frase "Não é por R$ 0,20". As causas tornaram-se mais difusas, com muitas interpretações possíveis: a insatisfação com a política e com a alternância entre PT e PSDB, a corrupção (a Operação Lava-Jato seria deflagrada no ano seguinte), a precariedade dos serviços públicos.

De Nova York, eu acompanhava os movimentos com preocupação. Ninguém sabia no que poderia dar. Quando voltei definitivamente para o Brasil, em 2014, o cenário era de incertezas, mas eu seguia entusiasmado com o lançamento do Novo.

Aprendi muito com essa primeira experiência partidária. Fiz várias reuniões de formulação e arrecadação com o Novo. Vi ali que o apetite da sociedade brasileira para doações políticas é bem menor do que eu imaginava: havia muita gente disposta a dar opinião, mas poucos com vontade de compartilhar risco e aparecer publicamente. Ao observar as dinâmicas de captação do Novo, via na cara das pessoas que elas não queriam doar para partidos. Não estavam prontas para isso. Contribuir para um partido político é um posicionamento que muitos ainda hesitam em assumir, com receio dos julgamentos sociais, da exposição na imprensa e de potenciais retaliações, sinais de um sistema pouco maduro.

Quando fundei o Renova, muita gente do Novo me perguntou por que eu não tinha dedicado tanta energia assim a levantar fundos para o partido — aos olhos daquelas pessoas, parecia que eu estava fazendo "muito mais" pelo Renova do que fizera pelo Novo. No Novo, dei o meu melhor para captar recursos, e o entendimento de que partidos não estavam no alto do ranking de popularidade de doações foi valioso na hora de reformular a proposta do Renova, de aceleradora de empreendedores cívicos para escola de políticos. Por outro lado, no fim do dia houve um encontro de expectativas: o Novo é bem representado dentro do Renova, respondendo por quase 20% dos inscritos que declaram filiação a algum partido.

Quando o Renova começou a se cristalizar, achei prudente me desfiliar do Novo. Há uma frase excelente atribuída a Ozires Silva, o engenheiro que trabalhou na criação e no progresso da Embraer: "Meu objetivo nunca foi ser dono da Embraer, e sim ajudar a construir a empresa." Era como eu me sentia em relação ao Partido Novo. Ali meu ciclo tinha chegado ao fim.

V. Esquentando os motores

Em maio de 2017, minha mulher e eu fizemos uma pequena viagem à Itália para a festa de 50 anos de um amigo. As comemorações se estenderiam pelo fim de semana, começando com um jantar na sexta-feira. Chegando lá, soube da presença de um personagem que viria a ser um importante parceiro na jornada do Fundo Cívico e do Renova: o empreendedor Wolff Klabin.

Eu não conhecia Wolff, embora já tivéssemos nos encontrado em algumas situações sociais. No entanto, sabia que ele era alguém que apoiava projetos de política e que sua família, os Klabin, tinha grande engajamento na comunidade local. Nessa viagem, eu estava especialmente incomodado com as perspectivas da política brasileira. Numa madrugada, rascunhei o primeiro esboço da apresentação do que seria o Renova. Passei uma noite em claro alinhavando os pontos mais importantes do projeto e, da Itália, mandei para Humberto Laudares, que tinha se tornado um interlocutor bastante frequente sobre o assunto. Humberto lapidou o PowerPoint e me devolveu de bate-pronto. Estava ótimo.

Dois dias depois, já em Portofino, mostrei o material para Wolff. Ter tudo alinhavado naquele momento ajudou muito. "Wolff, a gente tem que ajudar nesse processo de renovação política. Temos que ajudar a eleger gente nova", comecei. Tivemos afinidades imediatas. "Eu vinha inconformado, pensando no que fazer, mas precisava de um parceiro para fazer uma coisa arrojada", me disse Wolff. "Vamos falar na volta ao Brasil." Vi nos olhos dele que a proposta era séria. Eu não tinha mais dúvidas de que o conceito fazia muito sentido. O movimento seguinte seria atrair cada vez mais gente para o Fundo Cívico. Não parecia simples.

No início de 2017, política não era, digamos assim, o tema mais popular do momento. Michel Temer era o presidente da República. Sucedia a Dilma Rousseff, que havia sofrido um *impeachment* motivado por "pedaladas fiscais", expediente irregular para acomodar as contas do Estado, e pela absoluta falta de condições políticas para governar. Impopular e com a imagem manchada por suspeitas de corrupção, Temer ainda estava às voltas com a história do ex-assessor Rodrigo Rocha Loures, flagrado com uma mala cheia de dinheiro. Nesse cenário, *grosso modo*, se alguém manifestava interesse em entrar para a política, era logo desencorajado. Por outro lado, e na contramão do repúdio social à política, começavam a se fortalecer movimentos de participação da sociedade na política, alguns criados a partir das próprias manifestações de rua dos anos anteriores, como o Vem Pra Rua e o MBL. Fui a muitas manifestações. Outros, como o Agora, defendiam a criação de políticas públicas baseadas em evidências — eu mesmo fazia parte dele. E havia o Livres, grupo liberal suprapartidário que também pregava a renovação política, e o Acredito, que trabalhava na mesma toada. O Fundo Cívico Para a Renovação Política não estaria sozinho, mas apontava em outra direção — a de contribuir para a formação e a campanha de lideranças engajadas em fazer boa política.

De volta ao Brasil, nas conversas ainda tímidas para envolver mais gente na criação do Fundo Cívico, a apresentação que eu tinha feito a Wolff na Itália foi ganhando mais slides e robustez. Dia após dia, nos sentíamos mais preparados e motivados para os desafios que viriam.

Naturalmente, eu tinha muitas interrogações. Como atrair os talentos que queríamos para a organização que estávamos montando? Eles acreditariam em nós, em nosso compromisso de apenas ajudar a formar novatos que queriam entrar para a política, mas sem contrapartida em votações e favores caso eleitos? Eu não tinha ideia ainda, mas sabia por onde começar as buscas: justamente pelos "celeiros" de empreendedores cívicos, ou seja, os movimentos como o Agora, o Livres, o Vem Pra Rua, o Acredito e o MBL.

Logo nas primeiras reuniões para apresentar o Fundo Cívico, identifiquei entre os potenciais candidatos o receio de que se tratasse de um projeto pessoal meu; eles temiam que, se aceitassem participar, eu me tornasse, de certa forma, "dono" deles. "Quem é esse cara?" era a pergunta que eu mais via nos olhos daqueles jovens. Venci essa resistência pedindo a eles o benefício da dúvida. De cara limpa, explicava minhas boas intenções e garantia que não existia nenhuma agenda oculta.

Eu já era um cara engajado com jovens e projetos sociais, mas queria contribuir para mudar o ambiente político. Acredito que mudanças reais, com escala, dependem da eleição de boas lideranças.

Fui um dos fundadores do Prep Estudar Fora, um programa que até hoje ajuda a preparar jovens brasileiros talentosos para estudar no exte-

rior. Trabalhei diretamente com alguns deles oferecendo mentoria, entre eles Tabata Amaral, mas ficava de mãos atadas quando diziam que queriam entrar na política. "Como é que a gente faz?", me perguntavam. "Pra gente, a política é um campo escuro e com uma enorme barreira de entrada." De certa forma, para mim também era. E, como o Edu, eu vinha de um momento de grande incômodo com a política brasileira. Pensava em começar um "Prep" para a política. Na noite da nossa primeira conversa, o Edu trouxe um plano que já previa tamanho, escala, velocidade. Estava tudo claro na cabeça dele. Conheci ali um líder obstinado como poucas vezes encontrei na vida.

O primeiro desafio do RenovaBR era atrair as pessoas certas. Havia muita desconfiança de que queríamos investir na formação daqueles jovens por algum projeto pessoal nosso. Tabata e Renan Ferreirinha, a quem eu também conhecia do Prep, já tinham fundado o movimento Acredito e vínhamos conversando sobre como poderíamos ajudá-los nesses primeiros passos. Quando Edu e eu começamos a percorrer os movimentos de renovação política levando a proposta do RenovaBR, afirmei para esse grupo de jovens conhecidos meus que não pediríamos contrapartidas, num trabalho de convencimento que deu certo. Na política brasileira daquele momento, o que o Renova se dispunha a fazer parecia improvável, quase impossível.

Também no início Edu e eu fizemos juntos um intenso trabalho de captação de recursos para viabilizar o projeto. A ideia foi muito bem recebida por potenciais apoiadores, o que nos animou e, em certos momentos, nos emocionou pelo espírito de cidadania.

Posso dizer que fui também o braço do Renova no Rio. No meu estado, tivemos bastante sucesso. Ajudamos a eleger três deputados federais — Luiz Lima, Paulo Ganime e Marcelo Calero —, e um deputado estadual — Renan Ferreirinha. Minha mulher, Daniella, e a mulher do Edu, Juliana, diziam que estávamos casados com o Renova — e, de fato, foi um tempo de muita dedicação ao projeto e distanciamento da família.

Hoje, em retrospecto, penso no Renova como um case de engajamento da sociedade civil. Incrível a quantidade de gente que envolvemos na causa, ninguém com agenda própria, todo mundo acreditando que era possível melhorar o Brasil.

WOLFF KLABIN é empreendedor

O ponto de inflexão aconteceu em um pequeno jantar em São Paulo, uma ideia de Wolff, àquela altura tão apaixonado pelo projeto quanto eu. "Edu, quero te apresentar a duas pessoas que são a cara dessa história", ele disse.

Eu conhecia havia tempos a Fundação Estudar, ONG criada por Jorge Paulo Lemann, Beto Sicupira e Marcel Telles para apoiar a formação de alunos brasileiros no exterior. Também sabia do envolvimento de Wolff com um dos braços da Fundação Estudar, o Prep Program, que, em parceria com o Instituto de Liderança do Rio, apoiava jovens talentosos de baixa renda que desejassem estudar em grandes universidades fora do Brasil.

Uma das pessoas que Wolff queria me apresentar era uma jovem nascida na periferia de São Paulo que, com a ajuda do Prep, havia cursado ciências políticas e astrofísica em Harvard, uma das universidades mais prestigiosas do mundo. Seu nome era Tabata Amaral. "Essa menina é uma potência", antecipou Wolff, explicando que Tabata liderava o Acredito (justamente uma das "maternidades" em que fomos divulgar o projeto) e naquele momento trabalhava na Ambev. A segunda pessoa era um jovem de São Gonçalo, na Região Metropolitana do Rio de Janeiro, que também havia estudado em Harvard com apoio da Fundação Estudar e do Prep. Chamava-se Renan Ferreirinha. Wolff o definia como um garoto brilhante. Os dois tinham pouco mais de 20 anos e sonhavam com uma carreira na política. E os dois estavam prestes a desistir, consumidos pelo desânimo e pela necessidade imperiosa de sobreviver, pagando contas e ajudando suas famílias.

Na noite em que nos conhecemos, Tabata estava adoecida — literalmente, com febre. Mas seu adoecimento também se estendia, de maneira metafórica, ao ambiente de trabalho, que lhe parecia tão distante do que ela havia sonhado e consumia tanto da energia que ela desejava dedicar ao serviço público. Eu já conhecia Renan. Algum tempo antes, ele tinha trazido para o Brasil o professor de filosofia política de Harvard Michael Sandel e me convidara para o evento. Nos cumprimentamos de um jeito mais efusivo. Tabata estava distante e estendeu a mão mecanicamente.

Foi uma conversa difícil. A princípio, Tabata e Renan acharam que eu estava criando um movimento para fazer concorrência ao Acredito, fundado por eles. O manifesto do Acredito, de fato, abordava renovação política e caráter suprapartidário, mas expliquei que, diferentemente, nosso projeto não se concentrava em propostas específicas nem em partidos, e sim em mecanismos para apoiar e acelerar a trajetória de candidatos com grande potencial. Já estávamos conversando havia bastante tempo quando perguntei a ela: "Por que você não se candidata?" "Porque eu preciso trabalhar para pagar minhas contas. Eu ajudo em casa, ajudo minha mãe. Preciso sobreviver", disse.

Eram dois jovens claramente de talento. Saí daquele jantar pilhado. Seria espetacular se conseguíssemos colocar o programa de pé. Poderíamos ajudar gente como eles. E também gente como Daniel José, um jovem de família simples do interior paulista, caçula de onze irmãos, que me fora apresentado por Humberto Laudares. Daniel tinha desejo de ingressar na política, mas não sabia nem por onde começar. Quantos mais como eles haveria?

Sou natural de São Gonçalo, na Região Metropolitana do Rio de Janeiro, filho e sobrinho de professoras. Éramos uma família de classe média baixa, mas não vivíamos em comunidade, o que fazia enorme diferença em termos de serviços públicos. Tive a oportunidade de estudar em uma escola pública de qualidade na cidade do Rio e tudo o que me aconteceu de bom na vida foi graças à educação.

Quando fazia trabalho voluntário em uma comunidade, ouvi falar pela primeira vez na possibilidade de estudar fora do Brasil, algo muito louco, porque ninguém da minha família nem do meu bairro tinha feito algo parecido. Comecei a me informar e cheguei ao Wolff Klabin, empresário e cofundador de um programa que preparava jovens de baixa renda para estudar no exterior.

Com apoio desse programa, participei dos processos seletivos de dez universidades nos Estados Unidos. Fui aceito em nove delas e acabei indo para Harvard, onde cursei economia e ciências políticas com bolsa integral por necessidade financeira. Fiquei lá por quatro anos e meio e me envolvi profundamente com políticas públicas em educação. Me tornei um ativista na área e criei, com um grupo de amigos do Brasil, um movimento para colocar a educação na pauta central do país. Nascia assim o Mapa Educação, que tem como cofundadora Tabata Amaral, minha melhor amiga. Estudamos juntos em Harvard — ela, um ano à frente.

Quando voltei ao Brasil para as férias de meio de ano, em 2017, Tabata, outros amigos e eu lançamos o Acredito, um movimento de renovação política. Estávamos determinados a fazer dar certo.

Pouco mais de um mês depois do lançamento do Acredito, o Edu Mufarej me convidou para um jantar. Wolff insistiu para que eu fosse. "A gente está com umas ideias diferentes", ele me disse, meio misterioso. Tabata também iria.

Foi uma noite extraordinária.

Tabata e eu tínhamos pouco mais de 20 anos. Superidealistas, já defendíamos que o caminho para a mudança no Brasil passava pela política, pelo setor público. Do outro lado da mesa, Wolff e Edu discutiam como podiam tornar essa visão mais eficiente.

À primeira vista, parecia haver uma sobreposição entre o projeto deles e o Acredito, o que gerou algumas dúvidas. O Brasil tem um histórico de relações escusas entre setor público e setor privado. Aí vem um grupo de empresários que se apresentam como bem-intencionados, falando em ajudar pessoas a se eleger do jeito certo, sem pedir nada em troca? É o prato perfeito para as críticas infundadas que o Renova ainda ouve hoje. Não faltam teorias da conspiração. Mas confesso que passou pela minha cabeça que aquele tipo de ajuda podia esconder um futuro "sequestro de consciência". Se nos elegêssemos, será que tentariam nos influenciar a votar em causas com as quais estivessem comprometidos? Por outro lado, eu conhecia bem o Wolff. Confiava nele. Entendia que ele não me colocaria numa fria. Tentei ouvir com serenidade e aparar pontos de atrito enquanto Edu explicava: "Cara, a gente vai criar um programa aqui para fazer com que pessoas como vocês não desistam de entrar na política. A gente sabe que não há incentivos e que vocês vêm de famílias com pouca condição financeira, precisam trabalhar para se manter e tudo o mais. Sem falar no preconceito da sociedade contra os políticos." Comentei: "Brilhante essa ideia." E pensei, mas não disse: "Vai demorar anos para botarem isso de pé." Edu continuou: "Qual é a disponibilidade de vocês para mergulhar nesse projeto?"

Lembro de ter explicado que eu precisava voltar a Harvard para me graduar — faltava ainda um semestre. Não imaginei que fosse um problema; não achava que o Renova, que nem tinha esse nome ainda, sairia do papel tão depressa.

Eu ainda não sabia, mas o Edu é uma máquina de fazer acontecer. Voltei ao Brasil com meu diploma, em dezembro de 2017, quase direto para a banca de seleção do Renova. Isso significou abrir mão de algumas propostas de trabalho nos Estados Unidos que me permitiriam fazer um bom pé-de-meia. Se tivesse aceitado uma delas, eu ganharia em um ano o que minha mãe ganhou em 15 anos de trabalho como professora. Mas eu sempre soube que queria voltar ao Brasil.

Em outubro de 2018, fui eleito para a Assembleia Legislativa do meu estado com cerca de 25 mil votos. Tive muito pouco tempo para fazer isso acontecer, e o Renova foi fundamental em todos os aspectos dessa *construção. Se o Renova não existisse, eu muito provavelmente não teria sido candidato.*

Renan Ferreirinha elegeu-se deputado estadual pelo PSB (legislatura 2019-2022). Licenciou-se em 2021 para assumir a Secretaria de Educação da cidade do Rio de Janeiro

Tivemos algum trabalho para vencer as resistências internas não apenas no Acredito, mas também em outras "maternidades" de talentos para a política. Sem minha presença, Wolff fez uma reunião com Renan, Tabata e outras jovens lideranças e afiançou a eles que não haveria contrapartida.

Aceita-se o *statu quo* quando a mudança necessária parece impossível. Não me parecia ser o caso ali; minha dúvida é se eu teria a capacidade de fazer. A verdade é que eu estava tão excitado com o projeto que, se não conseguíssemos atrair apoio, me sentia disposto a custear sozinho o começo das operações. A minha trajetória profissional me dava essa possibilidade e eu estava convencido de que valeria a pena. A hora de agir tinha chegado.

VI. Ganhando casca (e dinheiro) na Tarpon

Quando cheguei à Tarpon, no início de 2004, a estrutura societária da empresa já estava configurada, com sócios e participações definidos de largada. Estava tão a fim de mudar de carreira e empreender que fui com a cara e a coragem, não quis negociar nada e aceitei o que me propuseram. Achava que os anos de bagagem na área de fusões e aquisições poderiam ser úteis à nova gestora, nascida pouco mais de um ano antes com fama de arrojada.

Não era, porém, um arrojo qualquer, destemperado: era uma ousadia com estrutura. Meus amigos Zeca e Pedro Faria não tinham nenhum receio de pensar grande. Não censuravam as próprias ideias e elas eram extraordinárias, muito fora da caixa; desafiavam o pensamento comum. Pensavam em investir de uma maneira não usual, diferente do que se fazia no mercado. As gestoras, em geral, valorizavam pulverizar investimentos, alocando-os em cestas diversas para minimizar riscos. A Tarpon se contrapunha: por que não investir pesado em empresas grandes, e poucas (poucas mesmo, quatro ou cinco, no máximo)? Dava resultado e o mercado gostou.

Eu não tinha essa coragem inata, esse destemor, mas desenvolvi os traços que me permitiriam construir também uma trajetória vitoriosa ali dentro. Não que tenha sido fácil ou simples. Na Tarpon, sempre tive a impressão de que estava correndo atrás de algo que, para os outros sócios, era natural. Eu não tinha sobrenome que dispensasse apresentações, exceto quando me confundiam com um potencial dono do hotel Mofarrej, localizado na alameda Santos, em São Paulo. Não tinha estudado na Fundação Getulio Vargas, de onde não apenas Zeca e Pedro, mas outros sócios, eram egressos. Eu não tinha a rede de contatos que eles tinham praticamente desde o berço. Ainda assim, daí a pouco, eu, como eles, moleque de menos de 30 anos, estava batendo na porta dos maiores investidores do mundo para contar a história que estávamos construindo juntos. E não era uma história de se apequenar.

A Tarpon era um lugar estimulante, de audácia. No entanto, havia ali um lado áspero, duro: a empresa concebida por Zeca, à qual eu me juntara, tinha uma carga de dor acima da média. Talvez tivesse a ver com a dificuldade de todos nós para pôr metas objetivas no papel, principalmente as de distribuição econômica. Isso abria espaço para subjetividades e inseguranças, provocando angústia. Como não sou de levar asperezas para casa, nem de fazer mimimi, fui ganhando casca. "É impressionante, você não dorme magoado com ninguém", me diz minha mulher. E com o tempo também fui cavando o meu espaço.

Fato é que eu não me achava tão bom quanto eles, e não tenho problema nenhum em admitir essa insegurança do passado. Foi essa mesma insegurança que me empurrou a buscar o que eu não sabia, a aprender, a pôr à prova o que aprendia e a pedir mais desafio. Muitas vezes nem precisei pedir. Eis que, apesar da minha experiência em fusões e aquisições, assumi logo de cara uma área que mal conhecia: gestão de portfólio de empresas ilíquidas (ou *small caps*). Me dediquei, entendi como funcionava e fui razoavelmente bem. Depois de dois anos, a Tarpon passou por sua primeira crise, com a disputa pela compra da Acesita. Perdemos inúmeros investidores, cerca de 60% da nossa base. Foi nesse momento, de aguda necessidade da nossa empresa, que migrei para a área de captação, e nela é que me encontrei de verdade. Foi nessa fase que fomos desbravar o mundo dos investidores estrangeiros, e, empolgado com a minha oportunidade na Tarpon e com a conjuntura do país, fazíamos isso com a confiança de quem acredita em cada palavra. Era o trabalho que tinha a minha cara.

Começar não foi simples, pois todos os nossos investidores àquela altura eram brasileiros e éramos uma empresa gerida por gente muito jovem. Obter os contatos iniciais foi o primeiro grande desafio: não conhecíamos quase ninguém. Certa vez, fomos a Londres para uma reunião (sim, uma reunião apenas). Como tínhamos tempo disponível, eu andava pelas ruas da cidade olhando os nomes das empresas nos prédios de escritórios, anotava-os e ligava para Rafael Sonder — irmão de Daniel —, que trabalhava comigo. Passava as informações a ele para que procurasse referências na internet (*smartphones* não existiam) e me dissesse se tinham alguma relação com serviços financeiros, investimentos em bolsa de valores e, eventualmente, com a América Latina. Com base no relato de Rafael eu voltava à empresa, batia na porta, deixava um material de apresentação com meu cartão e tentava o contato com alguém do time. Marcamos mais quatro reuniões em Londres assim e conseguimos um novo investidor.

Cada novo investidor era uma vitória, algo quase impensável para um grupo de garotos do Brasil que falava com investidores sofisticados do mundo todo e trazia recursos para o país. Como não éramos conhecidos, o pensamento precisava mesmo ter uma boa dose de audácia. Certa vez, soube que uma delegação de um importante fundo de pensão canadense estava em São Paulo. Fui até o lobby do hotel onde eles estavam hospedados procurando conhecer alguém. Deu certo: em nove meses viraram nossos clientes, e foram os maiores. Parece que nosso jogo tinha virado. Fomos crescendo e ampliando o alcance e o número de clientes até virarmos referência.

Entendi que Zeca e Pedro mantinham uma relação de imensa cumplicidade, de muitos anos de história. Nessa relação, eu era de certa forma um intruso, mas compreendi que esses sentimentos não deveriam se misturar com nossa relação de negócios. No ambiente competitivo da Tarpon, abracei as qualidades de cada um deles e nos tornamos grandes amigos. Essa amizade se cristalizou ao longo dos quinze anos em que trabalhamos juntos, e ainda hoje somos próximos dentro e fora do trabalho. Zeca e Pedro são importantes apoiadores do Renova, desde o início.

Como toda relação, essa teve momentos difíceis. Nos meus primeiros anos na empresa, eu tinha uma participação tímida nos investimentos; minha maior função era aplainar todas as arestas para a captação acontecer, um ponto de equilíbrio no pensar sem censura dos meus sócios. Eu era muito mais alguém que seguia uma agenda do que alguém que *criava* uma agenda. Normalmente, era também o cara que dizia "não". Uma vez, em uma reunião, tentei segurar alguma iniciativa de um deles. Pedro se exasperou: "Você parece o Schopenhauer", me disse, referindo-se ao filósofo alemão, um ancestral do nosso "não vai dar certo". Fiquei chateado. Passou.

Quando obtive meu maior sucesso, algo que todo o mercado financeiro reconhece como fora do normal — a estruturação da captação junto a investidores estrangeiros —, ainda assim era uma estratégia acessória ao plano de investimento maior que Zeca e Pedro haviam desenhado. De maneira simplificada, talvez eu pudesse dizer que o Zeca fazia os investimentos líquidos, de companhias públicas (com ações listadas em bolsa de valores), e liderava o comitê de investimentos; Pedro cuidava dos ilíquidos; e eu garantia que houvesse dinheiro para tudo isso. Os dois iam na frente. Eu seguia pavimentando o caminho. Discutíamos esses temas em comitê.

Sempre tive enorme admiração por meus sócios e o formato que nossa tríade assumiu não me incomodou durante muito tempo. Aprendi com eles a ousadia no pensar e no fazer que me permitiria ganhar bastante dinheiro e que, anos depois, desaguaria na criação do Renova. Mas houve um momento em que isso não mais bastava. Pouco a pouco, a posição que eu ocupava deixou de me satisfazer. Comecei a trabalhar por um lugar mais afinado com a minha ansiedade, com a minha vontade naquele momento. Passados sete anos, eu tinha anseio de ser protagonista.

Desde 2006, quando houve o episódio da Acesita, eu vinha *pivotando* a empresa para clientes não brasileiros. Com muito sucesso: em 2011, a maioria estava nos Estados Unidos, no Canadá e no Oriente Médio. Decidimos que era hora de a Tarpon ter um escritório em Nova York e fui o escolhido para tocar a operação. Ainda não era o protagonismo que eu desejava, mas podia ser um atalho para ele. Ju, grávida de Isabel, inicialmente relutou, mas depois gostou da ideia. No final, a oportunidade parecia mais do que ajustada e, no ano seguinte, lá fomos nós, com nossas filhas, Teresa, com quase 3 anos, e Bebel, um bebê de 3 meses. Alugamos um apartamento para nós, em Midtown, e uma sede para a Tarpon, na Park Avenue, e tratei de montar um time com competências diferentes. Logo éramos quatro: além de mim, Kristian Huber, carioca que vivia nos Estados Unidos e trabalhava mais fortemente na área de relações com investidores; Michael Ruah, que ficou cuidando da prospecção de novos investimentos e de quem fiquei próximo a ponto de ser padrinho de seu casamento;

e Thomaz Malavazzi, que acompanhava todas as temáticas do escritório nova-iorquino, me apoiando em quase tudo.

Foi uma superexperiência do ponto de vista do negócio e da execução. E desde que pusemos uma plaquinha de "Open for business" na porta e começamos a operar, era um leão por dia. Na Tarpon, sempre fomos de investir em negócios dos quais entendíamos muito. Em Nova York, eu precisaria percorrer uma curva até chegar a esse patamar — era outro país, outra cultura, um ambiente empresarial bastante diferente. Comecei a ser proponente de teses de investimento, o que tinha feito apenas nos meus anos iniciais em São Paulo; na nossa organização interna, a coordenação do processo de investimento sempre ficara a cargo de Zeca, e o principal proponente de teses era o próprio Pedro. A partir daquele momento, em vez de ouvir e criticar, eu teria de correr atrás de investidores e também de oportunidades. Passava o dia ligando, marcando reuniões, visitando investidores, ralando para entrar no fluxo de negócios frenético da cidade. Nossas jornadas eram longas, mas não intermináveis. Chegávamos cedo, muitas vezes às seis da manhã — estávamos entre uma e três horas atrás do Brasil e as equipes de Nova York e São Paulo faziam reuniões frequentes —, e saíamos ao anoitecer. Quase toda noite Ju e eu oferecíamos um jantar em casa a algum investidor em potencial ou parceiro.

A energia no escritório era fenomenal. Tão boa que alguns dos nossos investidores de fora de Nova York usavam nosso espaço quando estavam na cidade. Sempre havia gente interessante por perto, de modo que o escritório era um organismo vivo, dinâmico. Eu estava entusiasmado. Até hoje lembro-me das risadas no restaurante chinês em que almoçávamos quase todo dia, um lugar chamado Lychee House ("casa da lichia", em português). Lá serviam aqueles pratos que, dizem, não são nada chineses, frango xadrez, carne com brócolis, com cheiros que grudavam na roupa. Mas foi o primeiro que o nosso pequeno time descobriu nas redondezas e, de alguma maneira, nos afeiçoamos ao local e ao senhor chinês que nos servia.

Em poucos meses minha mulher estava apaixonada pela cidade e não falava em voltar. No início do nosso segundo ano em Nova York, matriculou-se em um curso de gastronomia natural numa escola superbacana, o Natural Gourmet Institute. Era puxado e longe de casa. Ju ia de metrô. Construiu para si mesma uma rotina agradável e estimulante. Virou chef de cozinha.

Além da relação com os parceiros com os quais esperávamos fechar transações, buscávamos investir em empresas que tinham grande presença no Brasil, o que restringia nosso universo. De cara, olhamos a Avon com cuidado; felizmente não avançamos. Gastamos um bom tempo analisando, em conjunto com Abilio Diniz, a rede de supermercados belga Delhaize. Chegamos bastante próximos de uma transação, mas no final o negócio não avançou conosco e a empresa acabou sendo vendida para o grupo holandês Ahold. E havia desafios à espera no Brasil no início de 2014, ano em que retornei ao país como CEO.

O escritório nova-iorquino da Tarpon fechou as portas em 2016, na esteira da deterioração da economia brasileira e dos movimentos da própria Tarpon. Michael e Kristian também acabaram voltando para o Brasil — Michael para a indústria de alimentos BRF, Kristian para trabalhar com Zeca. Hoje ambos estão empreendendo na área de tecnologia.

A realidade é que a Tarpon não obteve enormes êxitos no empreendimento americano. Quando estive à frente do escritório, sentia uma necessidade de estar 100% no controle de todas as variáveis que envolviam os negócios que prospectávamos por lá. Talvez por isso nosso sucesso tenha sido limitado. Se eu já era cauteloso no Brasil, em Nova York fui mais cauteloso ainda, com medo de errar. Essa experiência me mostrou que, no final do dia, o feito é melhor do que o perfeito — palavras de Sheryl Sandberg, executiva do Facebook, que adotei como um lema de vida. Diversas vezes ficamos bolando o desenho perfeito, a iniciativa perfeita, e não avançamos. Hoje penso que o maior arrependimento é o de não fazer nada. Aprendi muito com isso.

Em retrospecto, entendi que também é possível ir adiante com 70% de certeza sobre as variáveis, desde que esses 70% não sejam aleatórios: é preciso colocar foco nas questões críticas e se perguntar o tempo todo *o que é fundamental*. Inúmeras vezes erramos ao distribuir nosso tempo e nossos recursos em situações cujo grau de relevância é muito desigual. A experiência americana me ensinou a escolher em que empregar meu tempo, porque isso é a diferença entre matar ou morrer.

Desde então, tanto no Renova quanto em outras iniciativas nas quais me envolvi, esse jeito de pensar tem sido crucial para avançar e manter o foco no que é fundamental. E esse foi apenas um dos aprendizados que levei da Tarpon para o Renova. Na Tarpon aprendi que o erro é o caminho para o acerto — a gente erra, corrige, aperfeiçoa o processo e na próxima vez sai melhor. Tínhamos muita orientação para a ação; sem isso não teríamos conseguido levantar quase 3 bilhões de dólares de estrangeiros para investir no Brasil. Aprendemos que quem procrastina em geral não faz — e a rapidez com que o Renova saiu do PowerPoint e virou uma escola de política é a prova de quanto essa lição se entranhou em mim. Mas o maior ganho talvez tenha sido outro, mais pessoal, menos tangível: antes de ir para a Tarpon, eu não acreditava tanto em mim. Até ali, tive uma carreira boa, mas sem brilho empresarial. Diante dos desafios da Tarpon, descobri a força da minha vontade e a real energia empreendedora que tenho quando acredito em algo.

VII. Como o rugby gestou o Renova

Entre os aprendizados na vida que levei para o Renova, não há como não mencionar o rugby. Da minha experiência com esse esporte nasceu o desejo de ajudar pessoas a alcançar seus objetivos. O rugby me mostrou como essa ajuda pode ser a chave para o sucesso de qualquer empreendimento.

Conheci o rugby em São Paulo, na adolescência, e me tornei fã. É um jogo de invasão com muito contato físico e velocidade. Na modalidade mais conhecida, há dois times em campo, cada um com quinze jogadores que disputam a posse de uma bola ovalada. Quando tem a posse da bola, o jogador deve invadir o território do adversário e marcar pontos firmando a bola no chão na área de pontuação ou chutando-a entre as barras de uma trave alta em forma de H; é permitido levar a bola nos braços, passá-la para trás com as mãos ou chutá-la para a frente.

As cenas mais famosas do rugby, aquelas que vêm à memória da maioria das pessoas quando se menciona esse esporte, são as de grupos de jogadores aglomerados, disputando uma bola que o espectador nem enxerga mais, ou a da Haka, a dança ritual executada pela seleção neozelandesa, os All Blacks, que simboliza a união de todos em torno de um objetivo comum (a vitória), independentemente da origem e do credo de cada jogador. Há ainda outra modalidade com sete jogadores de cada lado, chamada *seven a side*, ou rugby de sete, que é a praticada nos Jogos Olímpicos. Mal comparando, as equipes de quinze e de sete jogadores seriam como as do futebol e do futsal.

Cheguei a jogar rugby no Brasil e nos Estados Unidos, sem nenhum brilho. Nos anos seguintes, passei a acompanhar os jogos pela televisão. É um esporte fascinante: muito mais do que impor uma atividade física extremamente vigorosa, obriga os atletas a refletir sobre alguns valores essenciais para o convívio civilizado. Integridade é o primeiro deles; o jogo precisa ser justo e honesto. Como em qualquer esporte, claro, mas, em uma modalidade que prevê um contato físico por vezes brusco, a integridade é crucial para ninguém sair machucado. Assim como a solidariedade: em campo, caem as barreiras culturais, políticas e religiosas e passam a vigorar a competitividade e a lealdade. E a disciplina, como em todo esporte, para assegurar um treino eficaz e a obediência às regras. O respeito, dentro e fora de campo. O espírito de equipe: nenhum jogador é mais importante que o outro, todos cumprem uma função. Diferentemente do futebol, quem marca um ponto sabe que só marcou por causa do empenho brutal do seu time, portanto, não há espaço para estrelismos. As torcidas ficam juntas e se respeitam. Todos esses valores resultam na paixão que une o jogador de rugby à sua prática. É um conceito que desperta alguma estranheza nos brasileiros, acostumados com as rivalidades do futebol.

Tais características estão descritas nos programas da World Rugby, entidade que governa o *rugby union*, a modalidade mais conhecida no mundo (há outra, de menor alcance). No Brasil, o rugby é gerido pela Confederação Brasileira de Rugby, a CBRu, que, em 2010, substituiu a antiga Associação Brasileira de Rugby, a ABR. A mudança ocorreu depois que o rugby se tornou um esporte olímpico, em 2009, e foi necessária para que o Brasil pudesse competir nos Jogos de 2016, realizados no Rio de Janeiro.

Embora ainda seja um esporte pouco disseminado no Brasil, sobretudo quando comparado ao futebol e até mesmo ao vôlei, o rugby brasileiro é hoje um exemplo de governança esportiva e transparência na gestão de recursos. Como prova de sua potência, basta lembrar que, em 2018, a CBRu organizou no Estádio do Morumbi, em São Paulo, um jogo entre os brasileiros e os All Blacks, que fizeram a Haka em campo. Ter esses eventos no Brasil era algo impensável no começo da jornada. Pouco a pouco, o rugby vem ganhando admiradores e atletas por aqui. Tenho muito orgulho de fazer parte dessa história.

Meu envolvimento começou despretensiosamente. Em 2008, a seleção brasileira de rugby, que eu acompanhava, porém de maneira menos intensa, disputava as eliminatórias para a Copa do Mundo contra a equipe de Trinidad e Tobago. Embora o time tivesse ganhado o jogo, essa vitória motivou um desabafo de um de seus líderes, Fernando Portugal, em um site especializado. Portugal escreveu que do jeito que estava não dava mais; além dos treinos demandantes e dos desafios em campo, os jogadores tinham que tirar dinheiro do próprio bolso para competir. Cada atleta contribuía, na época, com cerca de 750 reais mensais para bancar despesas inescapáveis, como uniforme, alimentação, viagens e até mesmo o salário do preparador físico. Esses rapazes faziam sacrifícios impensáveis, e até irresponsáveis, para manter o rugby vivo no Brasil e defender o nosso país, mas estavam no limite.

Como fã do esporte, pedi a um cara que tinha um blog na ESPN que me apresentasse ao técnico da seleção na época, um francês apaixonado pelo rugby e um grande sonhador, Pierre Paparemborde. Marcamos um almoço no shopping Iguatemi e eu perguntei como poderia ajudar. "Os caras estão representando o Brasil", disse a ele. "O que podemos fazer para isso não ser tão sofrido?"

Nesse diálogo já transparecem as primeiras semelhanças com a criação do Renova. Da mesma forma que os alunos se embrenhavam no caminho árido e sem reconhecimento da política, os jogadores de rugby ralavam em um esporte inglório, com pouca visibilidade no país e distante de prover qualquer forma de sustento. Estávamos na boca das eliminatórias para a Copa do Mundo de 2011. Uma doação já ajudaria bastante, me disseram. Então tá, pensei. Peguei os dados da associação e doei 500 reais.

O que veio depois me comoveu e motivou: eu não parava mais de receber mensagens de agradecimento pela contribuição. Os trinta atletas da seleção me escreveram entusiasmados. Parecia que aqueles 500 reais eram tudo o que faltava para o time deslanchar. Se uma doação tão pequena fazia tanta diferença, a situação devia ser desesperadora. Marquei uma reunião com os gestores da associação e o técnico do time. Me inteirei das condições precárias do rugby brasileiro e fiquei especialmente triste com a situação dos atletas. Pensava: olha o amor desses caras pelo país e pela causa que representam, e ninguém se importa. Cheguei à conclusão de que eu precisava fazer algo a respeito e fui atrás de pessoas que, eu sabia, tinham afinidades com esse esporte.

Felizmente, minha primeira ligação foi para aquele que acabou sendo o maior parceiro dessa caminhada, Jean-Marc Etlin, então vice-presidente do banco de investimentos do Itaú BBA e ex-capitão da seleção brasileira de rugby. Decidimos criar um grupo para ajudar os atletas. Chamamos de Grupo de Apoio ao Rugby Brasileiro, o Grab, que foi o embrião da futura confederação. Organizamos um jantar de arrecadação no escritório da Pinheiro Neto Advogados, cedido por Werner Grau Neto, um dos sócios e outro entusiasta do rugby, e só naquela noite levantamos 50 mil reais; para dar uma ideia, o orçamento total da (ainda, à época) associação para aquele ano era de 30 mil reais.

O dinheiro foi entregue aos jogadores que se preparavam para o jogo seguinte, no Chile. Paparemborde estava radiante: não havia como não ganharmos do Chile, dizia. Perdemos de 79 a 3, um placar arrasador. Depois dessa derrota, os cartolas que tocavam a ABR nos pediram para assumir, o que fizemos no final de 2009. No grupo, Jean-Marc Etlin, que se tornou um grande amigo, Sami Arap Sobrinho, o próprio Werner e eu, entre outros, ficamos à frente da gestão do rugby e conduzimos a transição de associação para confederação, requisito para filiar-se ao Comitê Olímpico Brasileiro, o COB.

Usei toda a minha experiência de gestor para convocar reuniões, estabelecer metas e planejar como executá-las. Investi no rugby muito da minha energia de "fazedor". Começamos com um orçamento deficitário da ordem de dezenas de milhares de reais, mas logo o bom planejamento financeiro, a governança e o profissionalismo que imprimimos à gestão do esporte passaram a atrair investidores. A CBRu tornou-se entidade modelo de boa gestão e inspirou a transformação da governança de diversas entidades do esporte no país, entre elas o Comitê Olímpico Brasileiro, o COB.

Nosso primeiro patrocinador foi a fabricante de artigos esportivos Topper, que ofereceu os uniformes dos times. Quem costurou esse patrocínio comigo foi Gilberto Ratto, diretor de marketing da Confederação Brasileira de Futebol. Para convencê-lo a usar seus contatos em favor do rugby, argumentei que, se Gilberto fechasse mais um patrocínio para a CBF... seria apenas mais um contrato, algo de que ninguém se lembraria daí a um tempo. Em contrapartida, se levasse a verba para o rugby, ele se consagraria como o primeiro a contribuir com algo muito importante. "Você vai ser lembrado pelo resto da vida por isso", eu disse. Com apoio de Fernando Beer, da Topper, deu certo. Um amigo da agência Talent, João Livi, comandou o time, que fez uma campanha publicitária de sucesso para a Topper: "Rugby. Isso ainda vai ser grande no Brasil". Levou o Leão de Prata em Cannes, em 2011.

Já o primeiro patrocinador a entrar com verbas foi o Bradesco, com o qual a CBRu firmou uma parceria longa e produtiva, tendo o apoio valioso de Luca Cavalcanti, hoje diretor de pesquisa e inovação do banco. Nosso foco sempre foi criar condições para que os atletas pudessem melhorar seu desempenho, oferecendo um caminho de carreira para quem quisesse viver do rugby. Hoje isso é perfeitamente viável. O impossível está acontecendo.

Eu tinha acabado de jogar na Europa quando me juntei à seleção brasileira de rugby. Isso me permitia dizer com certeza: éramos bons jogadores, com grandes características físicas e técnicas. O problema é que não tínhamos estrutura para atuar como equipe. Quando o Edu chegou, com sua paixão pelo rugby, rede de contatos e habilidade de gestão, estávamos à beira da estagnação. Então tudo mudou. Ele trouxe uma visão estratégica e empresarial para o esporte. O rugby tinha acabado de ser incluído nos Jogos Olímpicos, o que traria mais visibilidade e, consequentemente, mais procura. Edu fez todas essas conexões e, mais do que investir no bem-estar dos jogadores que estavam ali, naquele momento, cuidou da modalidade, estruturando-a para sobreviver após a estreia do rugby nas Olimpíadas, o que aconteceu na Rio 2016.

Houve um tempo em que o então presidente da associação ia nos receber no aeroporto depois de alguma grande conquista levando uma caixa de chocolates Bis. Ele dava um chocolate para cada jogador e repetia sempre a mesma brincadeira: "Eu quero Bis, eu quero Bis." Éramos valentes, mas completamente amadores. Nossos processos eram artesanais. Hoje ainda tenho um coração apaixonado pelo rugby e seus valores, mas consigo viver profissionalmente do esporte que escolhi e vejo que mais pessoas podem realizar esse sonho. Nossos jogos são altamente competitivos, agradáveis de assistir e, mesmo quando não vencemos, nossos resultados são consistentes. Novos jogadores são revelados todos os anos, o que também é característico de um sistema sólido.

No rugby, como no Renova, estamos falando da formação de boas pessoas, com finalidades diferentes, mas contribuindo para um país mais eficiente.

FERNANDO PORTUGAL é técnico da seleção brasileira de rugby

Atualmente a CBRu congrega seis federações estaduais: de São Paulo, Rio de Janeiro, Minas Gerais, Paraná, Santa Catarina e Rio Grande do Sul. Reúne mais de 11 mil atletas federados e registra um número crescente de praticantes e admiradores em todos os estados. Passei dois anos no conselho consultivo da confederação e depois exerci dois mandatos como presidente do conselho de administração, entre 2012 e 2020. Os resultados demoraram, mas começaram a chegar. Aquele Chile que nos massacrava havia ficado para trás, e derrotamos os chilenos pela primeira vez na história. Vencemos todos os campeonatos sul-americanos femininos. No circuito mundial, estamos entre os doze melhores do mundo e ganhamos o Campeonato Sul-Americano masculino pela primeira vez em 2018, entre outros feitos. Foi a única vez que a Argentina, o país com mais tradição no rugby na América do Sul, perdeu o torneio. Nosso sonho é, com as mulheres, seguir crescendo no Circuito Mundial Feminino, e, com os homens, chegar a uma Copa do Mundo de Rugby, um dos cinco maiores eventos esportivos do planeta.

E tudo começou com 500 reais.

Em dezembro de 2020 encerrei minha contribuição à Confederação Brasileira de Rugby, mas foi uma experiência que me marcou. Vejo inclusive paralelos entre o rugby e o Renova. Temos gente boa querendo entrar na política, mas sem nenhum apoio ou empatia. Essas pessoas precisam de suporte para não desistir no meio do caminho. É para isso que o Renova trabalha.

VIII. Um sistema mais justo

Oferecer as melhores condições possíveis para que gente boa entre na política implica, necessariamente, criar um sistema eleitoral mais justo. Esse é o outro desafio que o Renova persegue. O Brasil tem milhares de entidades para discutir todos os assuntos imagináveis, mas, não por acaso, pouquíssimas dedicadas a debater o sistema político brasileiro. Parece improvável que esse debate nasça da política tradicional, pois os políticos com mandatos neste momento, especialmente os que têm cargo de liderança nas estruturas partidárias, são os maiores beneficiados pelo sistema tal como configurado em 2020, quando eu escrevia este livro.

O financiamento de campanha, como já frisei algumas vezes, é ponto crucial. O primeiro aspecto é reconhecer que democracia custa dinheiro e campanhas são caras. Quando se candidatou a deputado federal pelo Espírito Santo, em 2018, Felipe Rigoni sabia que precisava de 80 mil votos para se eleger. Sabia também que cada voto "custa" 10 reais em investimentos em material de campanha, eventos de promoção da candidatura e outras modalidades de marketing eleitoral, portanto, ele precisaria coletar 800 mil reais em doações. O partido pelo qual se candidatou, o PSB, tinha um nome forte concorrendo à reeleição e por isso pretendia investir nele o grosso do fundo eleitoral a que tinha direito (de fato, investiu). Depois de Felipe muito insistir, o PSB prometeu a ele 150 mil reais — que quase não saíram das planilhas do partido. Na contagem de votos, o candidato cuja vitória o partido dava como garantida até se elegeu — mas com cerca de 30 mil votos a menos que Felipe Rigoni. Pelo que pude acompanhar, essa foi uma história que se repetiu em todo o Brasil. Candidatos sendo enrolados por partidos.

Ora, esse sistema é justo? Não nos parece. Temos que trabalhar para que a democracia seja eficaz, custe o menos possível e dê os melhores resultados. Trabalhar por um sistema transparente, aberto, e que opere no melhor interesse da sociedade brasileira. Me parece que a solução reside em um híbrido de financiamento público e privado, com limites conectados ao teto de financiamento da campanha.

Esse teto existe hoje. Em 2019, o Tribunal Superior Eleitoral também estabeleceu tetos para o pleito de 2020, variáveis de acordo com o tamanho do município. Para um deputado federal na campanha de 2018, era de 2,5 milhões de reais. Penso que, dentro desse teto, deveria haver um percentual que viria do fundo eleitoral e o restante caberia ao candidato levantar por meio de doações privadas. Cada doação privada, por sua vez, deveria obedecer a restrições, limitando-se, por exemplo, a 5% do teto. Ou seja, se o teto de gastos é de 2,5 milhões, um doador individual poderia contribuir com, no máximo, 125 mil reais. Isso asseguraria que nenhum doador, fosse pessoa física ou jurídica, se tornaria "dono" do mandato de um candidato eleito.

Não estou dizendo que essa seria a solução ideal. Mas me parece razoável supor que poderia ser o ponto de partida para um debate mais amplo e aprofundado por parte da sociedade. Em meados de 2020, uma pesquisa encomendada pelo Renova aos estudantes de economia Felipe Germanos, Lucas Lelis e Alexandre Wurzmann sobre financiamento eleitoral levantou os fatores mais comuns correlacionados ao bom funcionamento de uma democracia. Chegaram a quatro grandes conclusões: é importante que haja fortalecimento dos partidos; limitações ao dinheiro — tanto no que se refere a doações quanto no que se refere ao que os partidos podem gastar; transparência, de modo a aumentar o engajamento da sociedade civil e reduzir os incentivos à corrupção; e fiscalização, para assegurar que, se houver irregularidades, elas serão punidas.

No Brasil, concluía a pesquisa, o cenário era bem diverso. Para começar, temos 33 partidos registrados no Tribunal Superior Eleitoral — não é possível que haja tantas visões distintas de país para justificar essa quantidade de agremiações. As campanhas seguem caríssimas; apesar de haver um limite formal de gastos, o custo real de uma eleição pouco mudou. Custos altos com limites aquém do real levam à existência de caixa 2, e a falta de fiscalização estimula a corrupção. Me parece que estamos completamente na contramão de todas as boas práticas das democracias consideradas modelo, como a da Alemanha, que tem os mesmos partidos há décadas, permite um sistema amigável para a renovação e adota o voto distrital misto, sobre o qual falarei a seguir.

Outro ponto fundamental diz respeito ao financiamento de campanhas dentro dos próprios partidos — novamente aqui o caso de Felipe Rigoni é um bom exemplo. Primeiro, defendo a existência de critérios de transparência e governança para determinar quanto cada partido deve receber. Hoje, no Brasil, o fundo eleitoral entregue aos partidos é proporcional exclusivamente ao desempenho nas eleições e ao tamanho das bancadas. Como os incentivos são esses, abre-se um caminho para as práticas de aliciamento de deputados para as bancadas e a busca de eleição a qualquer custo para manter a proporção no fundo. Será que é isso mesmo que a sociedade deseja?

É hora de discutirmos novos critérios para a distribuição de verbas eleitorais Não há transparência, nem prestação de contas, nem governança na maioria das agremiações partidárias. Tem mais: dentro do "bolo" do fundo eleitoral, defendo a mesma transparência e governança para que candidatos concorram em pé de igualdade. Hoje, quem define isso é o "dono" do partido, que pode ser o presidente ou alguma figura de proa, e a alocação da verba obedece ao velho toma lá dá cá: "Eu te ajudo, mas não me traia." É a troca de favores com dinheiro do cidadão, sem a obrigatoriedade de prestação de contas.

Outras questões sobre o sistema vigente me inquietavam. Como muitos brasileiros, eu vinha me perguntando sobre um número que me parecia grande demais: o de assessores que cada deputado e senador eleito poderia contratar para seu gabinete. Na Assembleia Legislativa do Rio de Janeiro, por exemplo, um único deputado poderia dar origem a mais de sessenta cargos. É muito claro que o volume de trabalho e as demandas de atividade parlamentar em uma assembleia estadual não necessitam de sessenta profissionais. Trata-se apenas de uma forma legal de financiar o eleito e sua equipe e usar parte do orçamento público para quitar dívidas de campanha. Ou gratidão, uma forma de retribuir favores. Na minha visão, é daí que vem a rachadinha, prática em que parte dos salários dos assessores é desviada, de comum acordo, para o parlamentar que os contratou.

Até consolidar o Renova, eu tinha pouco conhecimento sobre as engrenagens do sistema político brasileiro. Fui aprendendo com os alunos, durante a jornada, vivendo de perto as experiências deles e compreendendo o desperdício de talentos gerado por essa estrutura arcaica. Essa caminhada aumentou minhas afinidades com o voto distrital misto, que, para mim, é a melhor forma de reduzir os custos de campanha, aumentando a transparência, e aproximar o eleitor de seu candidato.

No Brasil, as eleições para cargos legislativos são proporcionais, o que significa que nosso voto vai para o partido e entra em um "bolo"; muitas vezes serve para eleger um candidato que nem sequer conhecemos. Além disso, permite que um deputado se eleja com votos de qualquer localidade de seu estado — uma vantagem grande para candidatos com maior cacife para viajar e para quem já é conhecido. Também temos uma péssima cultura de suplência. Alguém se elege para um cargo e depois é nomeado para outra posição, por exemplo, numa secretaria no governo; nesse caso, quem assume o posto eletivo é o suplente. Se o candidato eleito quiser regressar para o cargo, o suplente sai. Na minha visão, ao deixar um cargo eletivo para ocupar outra função ou disputar nova eleição, a pessoa deveria abrir mão dele.

Tudo isso dificulta, ou até mesmo impede, a construção de vínculos entre o eleitor e seu representante legislativo, o que explica aquelas pesquisas segundo as quais pouca gente se lembra do nome do deputado ou senador em quem votou. No voto distrital misto, os partidos apresentam um candidato por região e o eleitor tem direito a dois votos: um na pessoa que melhor representa seu distrito; outro no partido que tem o melhor "leque" de candidatos. Se tivéssemos um sistema distrital majoritário, dificilmente esqueceríamos em quem votamos na eleição anterior. Além disso, o voto distrital "tende a exercer forte influência sobre a estrutura partidária, estimulando a concentração de forças políticas e a redução do número de partidos representados no Legislativo", escreveu o falecido cientista político e amigo Amaury de Souza (1942-2012) em publicação da Fundação Fernando Henrique Cardoso. Para ele, esse cenário leva à "formação de uma maioria parlamentar estável e consequente aumento da governabilidade".

Trata-se de uma mudança profunda, mas precisa acontecer — ou continuaremos enxugando gelo. Quando digo que o Renova trabalha para melhorar as regras do jogo político, é a transformações dessa magnitude que me refiro.

IX. AS SANDÁLIAS DA HUMILDADE NA SOMOS

Na virada de 2013 para 2014, eu ainda estava em Nova York e a Tarpon acelerava um movimento de muita audácia. Pedro Faria, então responsável pela operação internacional da BRF, assumiu como CEO da companhia. Zeca me ligou. "Cara, você volta para o Brasil para me ajudar com a Tarpon?" "Volto, claro", respondi.

Eu sabia que minha permanência em Nova York tinha prazo de validade. Quando aceitei a proposta para abrir o escritório americano, tive plena consciência de que era um soldado no cumprimento do dever. Eu não havia me mudado para Nova York e levado a Tarpon comigo; fui para Nova York porque era do melhor interesse da Tarpon abrir o escritório e fazer as coisas darem certo por lá. Se a Tarpon me pedia para voltar, não era o caso de ficar argumentando. Além disso, eu voltaria na posição de CEO da Tarpon, que vinha de um processo de estruturação de gestão. Um novo desafio.

Na Tarpon, observávamos com muito interesse o segmento de educação básica, um mercado vasto, resiliente e dotado de propósito, embora naquele momento o ESG (sigla inglesa para meio ambiente, impacto social e governança corporativa, designando critérios para nortear investimentos) fosse uma realidade distante. Já tínhamos gastado algum tempo examinando a Abril Educação, braço do que fora um grupo poderoso de mídia — já não poderoso como mídia, mas ainda forte no segmento de educação. Certo dia, em meados de 2014, Florian Bartunek e Rafael Sales, este muito meu amigo, na época sócios da Constellation e acionistas da Abril Educação, nos procuraram para falar sobre a companhia. Estava claro que ali existia uma oportunidade, e resolvemos aprofundar as conversas. Já na cadeira de CEO da Tarpon, juntei o time e passei a conduzir o processo. Imediatamente procurei Manoel Amorim, então CEO da Abril Educação, e me apresentei.

As conversas evoluíram rapidamente, mas faltava uma etapa crucial: abordar a família Civita, que detinha a maioria das ações da companhia, e ganhar a confiança dos herdeiros. Coube a mim conversar com Giancarlo Civita, filho de Roberto Civita, que havia elevado a Abril ao status de superpotência e falecera em 2013. Roberto era filho de Victor Civita, o fundador da empresa. Naquele momento, Giancarlo, a quem todos chamavam de Gianca, era o representante dos controladores da Abril Educação. Estava nas mãos dele a decisão sobre com quem fechariam negócio. Havia outros concorrentes, entre eles Advent e GP, tradicionais fundos de *private equity*.*

Minha reunião com Gianca se deu no final de uma manhã de maio de 2014, no escritório que ele ocupava no prédio do grupo,

---

* *Private equity* é um tipo de investimento operado por fundos especializados que compram participações em empresas e tornam-se sócios do negócio, com o objetivo de potencializar resultados e o valor da companhia.

um arranha-céu moderno às margens do rio Pinheiros. Mais do que um encontro cordial, Gianca e eu tivemos uma boa "química". Logo no início da conversa, eu disse a ele que tinha um grande amigo casado com uma das filhas de Maria Antônia Civita, a viúva de Roberto. Esse amigo, Kaco Duarte, sempre me falava que eu adoraria conhecer o Roberto, sogro dele por afinidade, e que Roberto também gostaria de mim. Kaco estava justamente costurando um encontro entre mim e Roberto quando o dono da Abril internou-se para tratar de um aneurisma abdominal e faleceu, vítima de complicações. Contei a Gianca e acho que, de alguma forma, essa história contribuiu para nos aproximar. Evidentemente, a venda não teria acontecido se a Tarpon não tivesse uma proposta interessante e um histórico de ser boa sócia e trabalhar duro pelo sucesso de seus parceiros. Mas aquela narrativa pessoal certamente ajudou.

Em junho de 2014 fechamos o negócio: a Tarpon adquiriu uma participação minoritária, de cerca de 20%, e, num primeiro momento, ocupei o posto de vice-presidente do conselho de administração. Foram comigo para o conselho Fernando Shayer, sócio da Tarpon responsável pela área jurídica e de estruturação de negócios, e Gustavo Wigman, especialista em análise de investimentos. Passados pouco mais de seis meses, fizemos uma proposta à família para nos tornarmos majoritários. Naquela altura, havia uma decisão a ser tomada, a de me tornar ou não CEO da Abril Educação. Eu tinha muitas dúvidas e novamente pavor de fracassar — de certa forma, estava confortável como sócio da Tarpon e com a minha posição; tinha acabado de voltar dos Estados Unidos. Lembro-me de uma noite, na fase final das negociações, em que saí do escritório a pé com Shayer e ele, desde sempre um fanático por futebol, insistiu muito para que eu topasse o desafio. "Bicho, essa camisa é tua e o teu nome tá escrito atrás dela. Vai nessa!", ele me disse.

Deixei o cargo de CEO da Tarpon e em fevereiro de 2015 assumi como CEO da Abril Educação, consciente de estar diante de um passo inédito na minha carreira. Recordo-me de ter ligado para a minha avó, Aparecida, logo que batemos o martelo, para dizer a ela que eu trabalharia no ramo da educação — minha avó, vale lembrar, havia sido professora de escola municipal durante a maior parte de sua vida. "Eu tinha certeza de que um dia você trabalharia com educação!", ela respondeu, comemorando.

Minha única experiência anterior como presidente de empresa fora na própria Tarpon, uma organização com menos de cinquenta funcionários. Na Abril Educação, eu estaria à frente de um grupo de quase 5 mil colaboradores, pulverizados em uma miríade de empresas adquiridas nos anos anteriores: duas redes de escolas de idiomas, a Red Balloon e a Wise Up, os sistemas de ensino Anglo, adotado em centenas de colégios em todo o Brasil, e as marcas Maxi, SER e PH, de menor alcance, duas dezenas de colégios e cursinhos como o próprio PH, no Rio de Janeiro, sem falar de duas editoras, a Ática e a Scipione. Diversas marcas em segmentos distintos, cada uma com a sua dinâmica, seu time e sua cultura. Grande parte dessas companhias fora adquirida ao longo dos anos anteriores e não tinha havido integração entre as empresas.

Quando chegamos nos olhavam com muita suspeição, como sanguinários do mercado financeiro. Por outro lado, a organização estava ávida por ganhar uma identidade própria. Ouvíamos do time: "Menos Abril, Mais Educação", mensagem sábia. Guilherme Luz, então sócio da Tarpon responsável pelas áreas de prospecção de talentos e gestão, foi tocar esse setor na companhia adquirida. Logo elaborou um plano de construção de cultura e propósito, culminando com a adoção de um novo nome. Por sugestão do publicitário Nizan Guanaes, encontramos felicidade no lindo nome Somos, um palíndromo, em um esforço para engendrar o senso de pertencimento fundamental para a construção de um negócio vitorioso.

Na Somos me vi diante da ideia de criar um novo modelo de liderança e parceria, mais aberto e inclusivo. Essa perspectiva aparecia em boa hora. Nos últimos tempos, a Tarpon vinha ficando cada vez mais complexa — e aqui o adjetivo não é exatamente positivo. Entender o que queríamos alcançar e como faríamos para chegar lá parecia cada vez mais complicado. Nos perdemos ao longo desse caminho. Tentamos, de forma correta, aplicar o capital de terceiros ao lado do nosso, porém testamos a paciência dos investidores e faltou um pouco de sabedoria para compreender os limites disso.

A verdade é que eu me sentia incomodado. Sempre tive uma obsessão pela simplicidade, e na Tarpon estávamos nos enrolando em situações que tornavam a gestão mais complexa do que era de esperar, pelo caráter naturalmente instável dos mercados nos quais operávamos. Esses paradoxos drenavam nossa energia, transformavam nossas reuniões em conversas intermináveis e carregadas de emoção. Não que a companhia tivesse apenas problemas. Pelo contrário. Passara por muito mais momentos bons do que maus, e a ousadia da gestão e os movimentos estratégicos inesperados chamavam muita atenção no mercado. Tudo o que fazíamos atraía olhares. No auge, a empresa chegou a administrar 13 bilhões de reais. Boa parte desse montante, a certa altura, esteve investido na BRF, empresa que conhecíamos de longa data. A Tarpon costurou com os acionistas da companhia um novo plano de negócios e uma nova visão de futuro, entregando a Abilio Diniz a presidência do conselho de administração.

Pouco depois de Pedro Faria chegar à presidência da BRF, eu era alçado a um cargo similar na Somos. E quando ficou decidido que eu assumiria a presidência da empresa, marquei um almoço com Renato Furtado, um amigo que tinha muita intimidade com recrutamento e seleção de executivos de altíssimo nível e que, tempos depois, foi trabalhar na própria Tarpon. Mobilizado pelo grande desafio, profissional e pessoal, de gerir uma organização com tantos braços, eu queria toda informação que fosse possível obter. No almoço, Renato mal esperou as amenidades para entrar no assunto. "Edu, vai ser um *crash course*, um aprendizado longo e intensivo. Uma coisa gigantesca, cara", alertou, e meu amigo de fato parecia preocupado. "Saia de tudo o que você puder sair: conselhos de administração, outras agendas, esquece tudo agora. Mergulha." Foi o que eu fiz.

Eu tinha, sim, a ambição de ser presidente de empresa. A experiência na Tarpon havia preenchido em parte esse desejo, mas na Abril Educação seria completamente diferente, seria outra dimensão. No final correu tudo bem, mas posso dizer que foi a empreitada mais desconfortável da minha vida. Na Tarpon, de certa forma, eu sabia o que fazer, como uma partida de futebol na qual eu vestia a camisa, entrava em campo, passava a bola e conhecia os outros jogadores. Na Somos, descobri que eu sabia muito pouco sobre como tocar uma grande organização. Àquela altura eu ainda não adivinhara, mas calçaria um milhão de vezes as sandálias da humildade ao longo dos anos na Somos.

Tudo isso acontecia em um momento no qual a Tarpon estava no auge por conta do investimento da BRF. Os jornais e as revistas da época diziam que a gestora tinha dado uma tacada genial. Comparada à BRF, a Somos era um negócio muito menor, mas eu sentia, de todo modo, a pressão para dar certo. Até me tornar CEO, minha perspectiva era de fora; só quando sentei na cadeira da presidência é que entendi: teria que desenovelar uma empresa complicada e entender rapidamente quais seriam as prioridades.

Uma das primeiras descobertas, e talvez a que mais me surpreendeu, foi perceber que internamente pouco se falava em educação, a alma da empresa — quem ouvisse uma conversa nossa qualquer no café dificilmente conseguiria descobrir qual era o nosso real negócio. Arquitetamos um projeto chamado Apaixonados por Educação, liderado por Guilherme Luz, meu sócio até hoje, com o objetivo de levar o tema da educação para dentro da Somos. Fazíamos oficinas e workshops temáticos organizados pelo time e para o time, sem aquela coisa de chamar palestrante de fora para falar algo e depois o palestrante sumir, sem que ninguém entendesse o real benefício do encontro. Os funcionários se aproximaram muito do tema e, com isso, cada vez mais gente talentosa começou a nos procurar para trabalhar lá.

Em outra frente, Fernando Shayer propôs o projeto Somos Educadores, convidando a liderança da empresa a dar aulas de reforço em uma escola pública de ensino médio do bairro de Pinheiros. Tivemos aí uma jornada de muito propósito e engajamento na companhia. Estávamos na missão de trabalhar pela transformação da educação no Brasil e o time havia embarcado totalmente nisso, do CEO ao pessoal do centro de distribuição, que organizava a logística para que os materiais chegassem a tempo nas escolas. Também tive oportunidade de dar aula no cursinho Anglo, onde havia estudado em 1993 e que pertencia à Somos. Isso com autorização da Irina, atualmente CEO do Renova, que tocava aquela unidade de negócio.

Essas experiências serviram bem para me colocar em contato com as diferentes realidades do estudante brasileiro. Em comum, me impressionavam a falta de repertório dos jovens, a timidez misturada com o desinteresse. Inicialmente, esperavam que eu escrevesse algo na lousa para copiarem nos cadernos, mas, à medida que comecei a instigá-los com perguntas e provocações, foram se envolvendo com a aula. Eu tentava também entender as escolhas de cursos e percebia que estavam ainda tomando decisões com base nas carreiras do passado, algumas delas em profunda decadência. Foi uma experiência melancólica que me deu a dimensão dos desafios da educação brasileira.

Na Somos, muitas vezes me vi diante de situações nas quais simplesmente não havia decisão boa a ser tomada: qualquer caminho traria desgaste, prejuízo ou insatisfação, para dizer o mínimo. Nesse cenário, tomei decisões certeiras e outras erradas. Foi acertado, por exemplo, trabalhar a cultura da empresa com um pilar que batizamos de "Três Is": inteligência (basear as resoluções em evidências sempre que possível); intensidade (envolver os profissionais da companhia nos processos e nas reflexões importantes, aumentando o comprometimento deles); e integração (trazer todo mundo para a mesma página). Quando cheguei, encontrei instalada a cultura do SFA ("sempre foi assim" — essa era a resposta que eu recebia quando perguntava por que algo era feito de certa maneira), de profundo conformismo com as coisas tal como eram e continuaram sendo e de raro apetite por transformação. Essa cultura era resultado de uma companhia construída por meio de aquisições de negócios de baixa similaridade que não tinham sido integradas sob uma mesma visão.

Nesse cenário, analisamos as marcas sob o guarda-chuva da Somos e nos desfizemos de algumas que não faziam sentido. Por exemplo: a rede Wise Up, uma escola de inglês para adultos, destoava do foco do grupo, que era educação básica, e foi revendida no final de 2015 para seu fundador, Flavio Augusto da Silva. Abrir mão de alguns ativos e adquirir outros mais afinados com a missão da Somos foi crucial para reduzir o endividamento e melhorar a geração de caixa. Ampliei o número de funcionários que teriam acesso a bônus por desempenho, e isso contribuiu para desenvolver na equipe um senso de autonomia com responsabilidade.

Ao longo do ano e meio de reestruturação da companhia também errei muito. Já cheguei "chegando", trocando parte da equipe, ansioso por transformar a empresa o mais rapidamente possível — e sem levar em conta o tempo necessário para entender como as coisas funcionavam ali, como o negócio se estruturava, a complexidade de suas frentes. Tive enorme dificuldade em quebrar a resistência do grupo à nova gestão que eu personificava: de um lado, lidava com quem estava entrando no grupo, gente que achava tudo maravilhoso. Na outra ponta, administrava os caras que estavam saindo e achavam tudo péssimo. Na Somos aprendi que certas mudanças levam tempo — mais até: que serão mais consistentes e poderosas se realizadas no tempo certo. Vivi sob um estresse que eu não conhecia até aquele momento e submeti minha família ao preço alto da minha ausência constante.

Ainda assim, foi uma grande experiência. Montamos um timaço, botamos foco no que eu acreditava que eram as coisas certas e, no fim do dia, tivemos sorte. Foi um período de uma intensidade absurda: no final de 2015, quando a Somos estava fechando a aquisição da Saraiva Educação — o que por pouco não aconteceu, pois foi concluída em um momento no qual o mercado de crédito praticamente fechou —, nasceu meu filho, em 23 de dezembro. No dia 29 seguinte selamos a compra. Era tamanha a confusão entre trabalho e festas de final de ano que só pude registrá-lo no dia 2 de janeiro — por absoluta impossibilidade de sentar e conversar calmamente com minha mulher, Antonio ficou sem nome por quase dez dias.

Erros e acertos equacionados, a Somos fechou o ano de 2017 em uma situação mais confortável, com faturamento líquido de 1,9 bilhão de reais e EBITDA* de 570 milhões de reais. No entanto, considero que minha maior vitória foi de outra natureza.

---

* EBITDA é a sigla, em inglês, para Lucros Antes de Juros, Impostos, Depreciação e Amortização (Earning Before Interest, Taxes, Depreciation and Amortization), indicador financeiro que informa sobre o lucro de uma empresa antes de todos esses descontos.

No Brasil, cerca de 85% dos alunos estudam em escolas públicas. Se o nosso negócio era educação, e se desejávamos impactar de verdade a educação brasileira, esse impacto passaria necessariamente pelo auxílio à escola pública e ao seu professor. Uma boa forma de produzir o impacto em alta escala seria aprimorando a qualidade do manual do professor.

A Somos era o maior fornecedor de livros didáticos para o ensino público no Brasil. Ao assumir a presidência da empresa, examinei os manuais do professor que acompanhavam esses livros e percebi que, em vez de apoiar a atividade docente, eles pareciam teses de mestrado, com uma linguagem excessivamente formal e propostas difíceis de aplicar no dia a dia. Achava possível ajustar os manuais inserindo sugestões práticas e de uso mais simples: planos de aula, pontos para aprofundamento, tarefas para facilitar a rotina do professor e melhorar o desempenho em sala de aula, propostas de leituras extras. Além disso, podíamos oferecer um repertório de materiais digitais de apoio ao professor que ajudaria a enriquecer seu trabalho. Compartilhei essa ideia com Guilherme Luz e mais uma vez pude contar com ele. Tínhamos todas as condições para criar um material melhor sem elevar em nenhum real os custos para o governo. Era parte da nossa missão.

Procuramos o ministro da Educação, Mendonça Filho, e o secretário de Educação Básica do ministério, Rossieli Soares, para apresentar nosso plano de redesenho do livro do professor. Encontramos interlocutores entusiasmados e com eles fizemos manuais totalmente novos. Tenho muito orgulho dessa pequena contribuição para a melhoria do ensino público. Aquilo precisava mudar; mergulhamos no processo e produzimos uma solução incrível.

No cenário da Tarpon, os bons números da Somos se tornaram uma excelente notícia. Em abril de 2018, anunciamos a venda da Somos, avaliada em 6,2 bilhões de reais, para a Kroton, um grande *player* do segmento da educação superior. Quando isso aconteceu, eu já não estava à frente no dia a dia do projeto; estava na presidência do conselho de administração. Tinha feito uma gestão vitoriosa na Somos. Entreguei ao meu sucessor na cadeira de CEO um negócio redondo, bons números e uma estratégia para os anos seguintes que se provaria correta. Intimamente, havia quebrado o estigma de não ser bom o suficiente. Tive medo e superei. Não sabia e aprendi. Só eu sei quanto me custou. Só eu sei quanto me trouxe de autorrealização.

Encerrado o ciclo Tarpon/Somos, eu sentia orgulho, plenitude e uma certeza de missão cumprida. Fechava aquela fase com a sensação que o escritor David Brooks descreve em seu livro *A segunda montanha*. Eu tinha subido a primeira montanha, aquela que corresponde ao que a sociedade, nossos pais e amigos esperam de nós: deixei minha marca num negócio bem-sucedido, formei uma família, fui reconhecido por meus pares. Agora, à minha frente, erguia-se a segunda montanha. Não era uma montanha material, e sim moral: saíam de campo os valores individuais, meritocráticos, e entrava o desejo — mais do que isso, o ímpeto — de ajudar os outros abraçando uma causa maior. Eu estava pronto para ela

X. Troca de chapéus

Ainda que eu estivesse disposto a dar a partida no projeto do Fundo Cívico Para a Renovação Política sozinho, se necessário, eu acreditava que arregimentando nomes fortes, de prestígio no cenário socioeconômico, a ideia ganharia visibilidade e potência. Fiz uma lista de vinte pessoas com quem gostaria de falar nas duas semanas seguintes. Liguei e marquei reuniões. Com minha pastinha debaixo do braço e uma apresentação impressa, bati na porta de gente que me recebeu de braços abertos. Armínio Fraga, um dos economistas mais influentes do país e ex-presidente do Banco Central, foi um dos nossos primeiros apoiadores.

Conheci Armínio em maio de 2011, durante uma viagem à Ásia. Nós dois éramos convidados do GIC, o Fundo Soberano de Cingapura, que havia organizado um evento no hotel Shangri-La local para celebrar seus trinta anos de existência. Vivíamos um momento de grande interesse pelo Brasil e Armínio era um dos palestrantes, com a missão de abordar o cenário econômico global e as perspectivas do país. De lá embarquei para Pequim e no voo tive o privilégio de me sentar ao lado dele, que também tinha uma agenda a cumprir na capital chinesa. Conversamos ininterruptamente por quatro horas, todo o tempo da viagem, falando sobre carreira no setor privado após uma passagem pelo governo, como ocorrera com ele, e sobre o potencial de impacto do trabalho na gestão pública. Houve também muitas reminiscências dos tempos do Banco Central. Armínio relembrou que toda segunda-feira, no voo que o levava do Rio, onde morava, para Brasília, avistava um colar de comunidades pobres e pensava: "É para isso que eu trabalho, para transformar a vida das pessoas que vivem em lugares assim." Nunca esqueci essa frase nem o que ele me disse depois de ouvir um pouco do meu corolário de inquietações sobre a política brasileira. "Você tem que ir para o governo um dia", falou. "Está muito no seu coração, na sua vontade." Hoje penso que o Renova é a tradução desse espírito latente havia anos.

Naturalmente, também houve pessoas que cruzaram os braços, recusando-se a aceitar que não haveria contrapartida por parte de futuros políticos eleitos. O saldo, no entanto, foi positivo. De muita gente séria ouvi que era importante que os escolhidos não tivessem uma ideologia única e fossem futuros políticos de mente aberta, dispostos a dialogar e buscar convergências.

A ideia de transformar a política com candidatos bem formados e com apoio financeiro, porém, logo encontrou um impasse na própria legislação eleitoral brasileira, alterada no final de 2017 para proibir doações de pessoas jurídicas. Advogados eleitorais que nos assessoraram deram o alerta de que o desenho do Fundo poderia ser considerado uma forma de financiamento eleitoral. Portanto, por melhores que fossem as nossas intenções, tivemos que deixar de lado a ideia de apoio financeiro às campanhas e nos concentrarmos exclusivamente na formação e capacitação fora do calendário eleitoral.

Apesar de acreditar muito no modelo do Fundo, reorganizarmos a nossa estratégia. Tirei o chapéu do investidor e vesti o chapéu da educação. O Fundo Cívico foi cedendo espaço a um projeto de formação de políticos com uma cara muito mais parecida com a que o Renova tem hoje.

Fui muito presente quando o então Fundo Cívico começou a tomar forma. Existia uma grande preocupação em torno do que era viável fazer dentro da legislação atual, não sendo um partido político. Sou advogado, mas não atuo na área eleitoral, portanto trouxe outros especialistas para desenhar a estrutura possível para o projeto. Logo ficou claro que o melhor seria criar uma escola. Para ser honesto, esse me pareceu um modelo muito melhor, sob todos os aspectos. Independentemente das crenças individuais, é difícil criticar uma instituição que preza a educação e a formação para a política e que acolhe sem distinção gente da esquerda e da direita, com o objetivo de criar uma bancada "do bem". Além disso, o chapéu da educação tinha a ver com a vinculação do próprio Edu com esse universo graças à experiência na Somos.

Em conversas com vários interlocutores, inclusive comigo, o Edu foi "ganhando tração". Abraçou pra valer o projeto e começou a juntar gente em torno dessa causa. Na nossa reunião seguinte já havia cinco pessoas; na outra, eram dez; depois, quinze. O que começou como um bate-papo durante as caminhadas que fazíamos nos finais de semana de repente já tinha voluntários, gente querendo doar, empolgação crescente — e virou realidade. A dedicação dele foi nesse mesmo crescendo; no começo dedicava algumas horas por dia ao Fundo Cívico/Renova. Logo, virou um trabalho de tempo integral.

RODRIGO VELLA é advogado e amigo

Já de saída tínhamos um punhado de voluntários, gente pronta para pôr a mão na massa. Entre esses entusiastas estava Colin Butterfield, fundador do movimento Vem Pra Rua, que em meados

dos anos 2010 ajudou a levar milhões de brasileiros às ruas para protestar contra a corrupção. Conheci Colin bastante bem na época das manifestações e sabia que, tempos antes, ele havia idealizado um grupo que se chamava Renova, cujo foco era trabalhar pela renovação do Congresso. O Renova de Colin não foi adiante, e nas nossas conversas ele propôs que usássemos o nome para o nosso projeto. Refletimos sobre como deveria se chamar o Fundo Cívico e houve sugestões entre divertidas e inusitadas, como "Juscelinos" — ideia de Nizan Guanaes, um dos primeiros a comentar na imprensa a existência do movimento e um admirador do projeto. Nizan queria realçar a referência do espírito modernizador do presidente que tinha se incumbido da construção de Brasília. A ideia era diferente, mas não pegou tração. "Vamos de Renova", Colin insistiu em uma das reuniões.

Beleza. E assim deixamos para trás o nome Fundo Cívico Para a Renovação Política e passamos a nos denominar Renova. Porém, ao saber que já havia um fundo de compensação socioambiental chamado Renova, criado após o desastre do rompimento da barragem do Fundão, em Mariana (MG), mudamos nosso nome para RenovaBR.

Surgiu a ideia de fazer reuniões e jantares para apresentar a proposta. Wolff Klabin organizou uma agenda durante o dia e, à noite, um evento "inaugural para eventuais apoiadores", no Rio de Janeiro, no apartamento da empreendedora social Florencia Robalinho, argentina radicada no Brasil. Nesse nosso primeiro jantar de apoio e captação, reunimos sobretudo gente do Rio que entendia a relevância de um projeto como aquele. Saímos do apartamento de Florencia com dois novos apoiadores e um frio na barriga. A sorte estava lançada. Não havia mais como retroceder. Muitos outros encontros e jantares se seguiram, a maioria em São Paulo.

Enquanto eu arrecadava apoios e trazia mais gente para a causa, o documento com o projeto inicial — sobre o Fundo como uma aceleradora de empreendedores cívicos — corria nas redes sociais, sendo compartilhado por pessoas que tinham comparecido aos jantares em São Paulo e na casa da Florencia. Era só uma questão de tempo até que vazasse para a imprensa. Entre agosto e setembro de 2017 começaram a circular as primeiras notícias sobre o Fundo/Renova, catapultadas pelo fato de um dos envolvidos ser o apresentador de TV Luciano Huck, que começava a aparecer como candidato — presidenciável, até. Conforme a mídia ia repercutindo, mais claro ficava que eu teria que tomar uma decisão sobre minha posição na Somos. Em um determinado momento achei que as ações seriam conciliáveis, mas ali percebi que, para o Renova decolar, a dedicação teria de ser descomunal, ao mesmo tempo que a Somos precisava de um CEO totalmente devotado ao negócio.

Na minha intimidade, eu já vinha pensando se o meu ciclo na Somos não estaria se aproximando do fim. Quando assumi a gestão da empresa, na virada de 2014 para 2015, estava diante de um desafio gigantesco. Em meados de 2017, porém, a Somos navegava em mares mais calmos, com os resultados melhorando bastante. Esse processo também me fez refletir sobre o meu próprio papel nas organizações. Acho que tenho uma característica de realizar, tirar projetos do chão. Quando se consolidam e é preciso regar a planta para que ela continue a crescer, não me considero a pessoa mais indicada para segurar o regador. O Renova foi o empurrão na hora certa. Com a ajuda do time comecei a organizar minha saída, deixando o cargo de CEO e assumindo a presidência do conselho de administração.

O Renova foi lançado oficialmente no dia 7 de outubro de 2017 em uma cerimônia no Google Campus, um espaço de trabalho e encontros mantido pela Google em São Paulo — com a atmosfera de inovação que justamente procurávamos. O convite partiu do entusiasta do projeto André Barrense. O dia 10 foi meu último na

Somos. Entreguei a presidência da empresa a Fernando Shayer, sem muito alarde, tenso, porém de coração leve. Havia, claro, um certo medo da instabilidade financeira em que eu me arremessava — um sabático cívico para cuidar de um projeto sem nenhum faturamento, que nem sequer tinha CNPJ, sede ou funcionários, mas pretendia revolucionar o jeito de fazer política no Brasil. Eu tinha plena consciência de quanto aquilo tudo parecia maluquice, contudo, na minha cabeça, não havia dúvida de que era a atitude certa naquele momento.

Um detalhe curioso: havia uma boa chance de que a Somos fizesse parte de uma reorganização estratégica do setor e de que o ciclo de investimentos da minha empresa de origem, a Tarpon, na área de educação caminhasse para o fim. Hoje muitos pensam que calculei meticulosamente minha saída — a Somos, de fato, foi vendida pouco depois. Na verdade, saí movido pelo ideal daquele projeto que começava a nascer, mas, na época, meu analista me avisou: "As coisas vão dar certo e depois vão achar que você cronometrou tudo isso." A ideia até hoje me faz sorrir.

XI. Estruturando o Renova

No dia do lançamento do RenovaBR no Google Campus, tínhamos apenas um PowerPoint, aquele da viagem à Itália, bastante melhorado. No entanto, o grupo de entusiastas só fazia crescer. Ali, naquela "cerimônia", estava presente uma parcela do "novo ecossistema da renovação política", representada pelos recém-criados movimentos de renovação, uma turma do Partido Novo, outro da Rede e outro, ainda, da juventude de alguns partidos, como o PSDB, além de ativistas e curiosos. Para mostrar com um pouco mais de clareza o que buscávamos produzir, chamamos dois jovens que pensavam em se candidatar para falar de sua vida e de sua experiência com política: Daniel José e Alessandra Monteiro, ele já filiado ao Novo; ela, à Rede. Daniel se elegeu deputado estadual por São Paulo nas eleições de 2018; Alessandra foi primeira suplente de Marina Helou, assumindo o posto quando Marina afastou-se para cumprir licença-maternidade.

O Renova desde o início me pareceu muito interessante. Gostei da ideia de oferecer formação para pessoas que tinham interesse em entrar na política, mas não sabiam como construir uma candidatura competitiva. Se queríamos mudar a política, não adiantaria ser eleito sozinho. O cenário seria outro se tivéssemos pessoas preparadas, boas, intelectualmente honestas, com a mentalidade de que ser político é servir.

Eu já conhecia o Edu, tinha sido colega de faculdade do irmão dele, o César. Um dia o Edu me chamou para uma cerveja num bar no Itaim e falou sobre o Renova. Eu já estava decidido a me candidatar e topei na hora trabalhar com ele no projeto e ajudar. "Vou virar estagiário de novo", brinquei, e o próprio Edu passou a me chamar de "estagiário". Era zoeira, porque, naquela altura, eu já tinha trabalhado numa consultoria, em cargo sênior, e feito mestrado no exterior.

Aquela cerveja foi no dia 7 de agosto de 2017. No dia 7 de outubro o Renova foi lançado. Dois meses, inacreditável.

No começo, o que fiz, basicamente, foi trabalhar o tempo inteiro. Mas também acho que ajudei naquele primeiro momento porque, de certa maneira, eu era um modelo do candidato que o Renova pretendia apoiar. Eu ajudava a pensar nas necessidades de um candidato para que ele se tornasse, de fato, competitivo: tinha que saber como se faz uma campanha, como levantar recursos, trabalhar redes sociais, entender com profundidade os desafios do Brasil. Ia a reuniões de captação de recursos com o Edu porque — a gente acreditava — os futuros doadores precisavam ver quem eram aqueles jovens que nunca haviam participado da política e queriam entrar. Nessas reuniões, eu contava a minha história de superação, e ela era verdadeira, tinha força.

Venho de família numerosa, filho de uma diarista que fez a vida em Bragança Paulista trabalhando desde os 7 anos de idade. Meu avô cortava cana no norte do Paraná e morava em casa de barro, sem rede de esgoto. Isso nunca me impediu de sonhar, de desejar coisas grandes. Me formei em economia por uma boa faculdade, com bolsa da Fundação Estudar, trabalhei no mercado financeiro e a certa altura larguei tudo para atuar como voluntário num campo de refugiados sírios e iraquianos na Jordânia. Lá eu tive a minha primeira grande revelação sobre a política: naquele campo, eu, um jovem branco, não árabe e saindo de uma realidade cultural tão distante, não tinha voz, e, portanto, sofria com limitações significativas para ajudar a transformar a realidade daquelas pessoas.

Entendi que o caminho para melhorar, de fato, a situação daqueles refugiados passava pela construção de boas instituições. Entendi também que esse mesmo caminho é necessário para desenvolver um país. Como, então, obter uma voz que ajudasse a melhorar as instituições? A política é a resposta. Eu dizia tudo isso e o Edu completava: "Já pensou, ter um cara assim eleito? Se tivéssemos mais pessoas como o Daniel o Brasil não estaria do jeito que está. É para isso que o Renova trabalha."

Daniel José é deputado estadual pelo Novo em São Paulo

Começamos temporariamente abrigados — do ponto de vista jurídico, não físico — no Centro de Liderança Pública, o CLP,* de cujo conselho consultivo eu fazia parte. Apoiador desde as primeiras conversas do ainda Fundo Cívico, Luiz Felipe D'Ávila, fundador do CLP, tinha se oferecido para nos "incubar" enquanto o Renova se organizava. Foi uma "incubação" breve: logo o escritório de meu amigo Rodrigo Vella, assessor jurídico de tudo o que nos metíamos a fazer, nos ofereceu todo o suporte necessário para criamos nosso primeiro estatuto. O Renova nasceu como associação de pessoas físicas, nenhuma delas vinculada a partido, de tal modo que, na origem, ninguém pudesse nos atribuir favorecimentos a esse ou àquele grupo político. Graças a D'Ávila e ao CLP, conseguimos operar com estrutura desde o início. Agora, com estatuto próprio, era tempo de começar a recrutar o time que poria o projeto da escola de políticos para rodar.

---

* O CLP é uma organização suprapartidária que busca engajar a sociedade e desenvolver lideranças para enfrentar os problemas urgentes do Brasil.

Daniel José suspendeu temporariamente seu projeto político pessoal e veio para o Renova. Da Tarpon trouxe Izabella Mattar, uma jovem articulada, com formação em psicologia e boa experiência em gestão de talentos, que nos ajudou imensamente na primeira fase, a da estruturação, divulgação e seleção. Na Tarpon Izabella cuidava da agenda de seleção e da rede de talentos; antes, tinha trabalhado na Fundação Estudar, a mesma em que Wolff Klabin atuava. Ela também foi importante quando precisamos vencer as resistências dos possíveis candidatos.

Em outubro de 2017, Iza deixou a gestora para trabalhar em tempo integral no Renova. Trouxe o "funcionário" número um do Renova, Darlan Dal-Bianco, jovem mineiro formado em engenharia química que logo mergulhou de cabeça no recrutamento e no processo seletivo. Na sequência, para cuidar das áreas financeira e de captação, veio Thomaz Pacheco — ficamos muito próximos e Thomaz, hoje, é meu sócio também em outras empreitadas. Nas primeiras semanas, o pequeno grupo trabalhava em uma das salas de reunião da Tarpon. Também da Somos eu trouxe Maíra Perazzo, minha assistente desde os tempos da Tarpon e meu braço direito em todos os projetos até ali. Nos meses seguintes, Maíra seria fundamental para toda a organização e a logística que o Renova exigiria.

Só quem já passou por isso entende a intensidade de trabalhar vendendo um sonho. No time-base do Fundo Cívico — ainda nem sequer éramos Renova —, eu tinha a missão de trazer pessoas para atuar em uma instituição que ainda não existia juridicamente, da qual ninguém tinha ouvido falar, para uma área de atuação que eu mesma conhecia pouco: a política. Comecei a buscar perfis complementares ao meu; se eu não entendia de política, e mesmo Edu se considerava um recém-chegado, tínhamos que nos cercar de pessoas que já tivessem trabalhado em campanhas e aportassem sua experiência para o projeto. Foi assim que se juntaram a nós Gabriel Azevedo, já vereador em Belo Horizonte, e Rodrigo Cobra, Arilton Ribeiro e Erick Jacques, que se tornariam futuros professores do Renova. Naquele momento, todos vieram pelo brilho nos nossos olhos.

Em retrospecto, a experiência do Renova mudou a nossa relação com a política. Eu era crítica da política, mas aprendi o lugar dela e hoje entendo muito melhor sua dinâmica. Falamos tanto de renovação, mas o discurso de renovação que nega a política não funciona. Entendo melhor a necessidade do diálogo aberto entre as partes, das relações, da alternância e, principalmente, hoje vejo esses aspectos como naturais em uma democracia saudável. Foi um período em que não apenas eu, mas todos os que participaram do nascimento da organização e da realização das primeiras formações, abraçamos a política com muito mais clareza e maturidade.

Izabella Mattar é psicóloga e foi diretora
executiva do Renova

Quando ganhamos corpo e mais gente se somou ao time, o próprio Rodrigo Vella nos ofereceu uma sala grande, ainda sem uso, no prédio em que ficava seu escritório, no bairro paulistano de Vila Olímpia. No novo espaço, com cinquenta metros quadrados, cerca de dez pessoas poderiam trabalhar com conforto utilizando computadores e telefones já instalados. Também obtivemos permissão para utilizar a sala de reuniões do escritório de advocacia, e precisávamos mesmo dela: aos poucos, começamos a receber visitas de apoiadores interessados em contribuir. Àquela altura ainda não sabíamos, mas nos meses seguintes aquela sala seria palco de várias sabatinas aos candidatos às vagas do Renova. Ficamos cerca de três meses nesse espaço até nos mudarmos, em fevereiro de 2018.

Enquanto na linha de frente eu tratava de apresentar o Renova a pessoas que pudessem nos apoiar, e assim reduzir o ceticismo em relação ao projeto, na outra ponta Izabella e o time se ocupavam de organizar o processo seletivo para aquela que viria a ser a primeira turma. Iza começou a trabalhar com Gabriel Azevedo, que se juntou ao grupo para a área de formação. Ficaram na mão dos dois a estruturação da grade de aulas e a escolha de parte dos professores para o que pretendíamos ensinar. E o que pretendíamos ensinar? Essa era outra interrogação.

Eu tinha uma ideia de por onde começar essa investigação: ouvindo candidatos que me pareciam potencialmente competentes, mas tinham sofrido derrotas nas eleições anteriores para o Legislativo. Queria saber o que havia faltado. E, consequentemente, como o Renova poderia atuar.

Eu me recordava especialmente de uma conversa que tivera, antes mesmo de lançar o Renova, com José Gustavo, o jovem presidente da Rede, o partido fundado pela ex-senadora Marina Silva. Nascido em São Carlos, no interior paulista, filho de uma empregada doméstica e de um representante comercial, Zé Gustavo, como é conhecido, foi a primeira pessoa de sua família a frequentar uma universidade pública. Formou-se administrador público e em 2014, com apenas 24 anos, tentou sua primeira eleição: candidatou-se a deputado federal. Teve pouco mais de 14 mil votos e não se elegeu. Nossa conversa foi doída. "Cara, quando você não ganha, é muito triste", me disse ele. "Você fica deprimido, se sente rejeitado." Quando eu quis saber o que tinha dado errado, Zé completou: "Faltou planejamento, faltou dinheiro, e no final faltou gente para conversar, para me ajudar a definir qual seria o próximo passo na vida. Fiquei completamente perdido."

Triste como foi, aquela conversa teve um caráter altamente motivacional para mim. Se eu ainda precisasse de algum estímulo para tocar o Renova, ele estava bem na minha frente, na figura daquele jovem preparado e preocupado com a boa política, que, no fim das contas, tinha quebrado a cara. Mais do que um reforço ao projeto do Renova, nasceu ali a decisão de tentar trazer um apoio de saúde mental para acompanhar cada um dos talentos que recrutássemos para o primeiro curso, uma medida que se concretizou: um amigo me apresentou à Sociedade Brasileira de Coaching, que gentilmente designou um *coach* voluntário para cada candidato. Acreditávamos que o Renova deveria ajudar a resolver também as dores emocionais de pessoas como Zé Gustavo, e não somente as dores tangíveis.

Ter ouvido não apenas Zé Gustavo, mas outros candidatos derrotados, nos deu pistas importantes sobre a composição da grade curricular do Renova. Àquela altura, eu já compreendera que, em geral, entidades de formação e educação determinam o que as pessoas têm que aprender com base no que elas próprias consideram relevante. Só que nem sempre o que querem ensinar é relevante *para as pessoas*. Um dos meus "entrevistados" me disse: "Eu não preciso aprender a fazer política pública. Tenho que aprender a disputar eleição. A política pública é fundamental, mas ela vem depois." Fez sentido para mim: de que adiantaria conhecer em profundidade os problemas brasileiros se não se elegessem?

Montamos então um programa que abordaria política pública no detalhe, principalmente a partir de evidências, mas que também daria grande ênfase às competências necessárias para realizar uma campanha bem-sucedida: comunicação e marketing político, presença nas mídias sociais, construção de uma rede de contatos, os princípios do financiamento eleitoral. Elaboramos uma matriz que mapeava as competências externas, ou seja, que não dependiam do candidato — um adversário competitivo em determinada região, capacidade de arrecadar fundos, por exemplo —, e aquelas que poderíamos ajudar a aprimorar com um programa parrudo, como a habilidade de mobilizar redes e voluntários e até mesmo desenvolver carisma. Tudo isso sem abrir mão de melhorar o nível de conhecimentos sobre o Brasil. Os políticos que entrevistei também se ressentiam da imagem negativa que tinham diante da sociedade. De outro deles ouvi: "Eu vou sair candidato de novo e gastar o dinheiro que não tenho na campanha. Mesmo assim, a sociedade não me reconhece como uma pessoa bacana só porque quero entrar na política, esse lugar 'sujo' onde apenas gente ruim se aventura."

Quanto mais eu escutava, mais fortalecia a minha certeza na legitimidade do Renova. Se custa caro se eleger e ainda por cima a sociedade não vê valor nos políticos, como esperar que gente boa tome a difícil decisão de concorrer? Em nosso repúdio à política, nós nos esquecemos de que esse é um trabalho extremamente sacrificante quando levado com a seriedade necessária. Políticos têm longas jornadas. Prestam contas a seus eleitores. Muitos se distanciam de suas famílias para cumprir mandato em outra cidade. Atuam muitas vezes sob ataques desleais da oposição — ou até sob fogo amigo. Têm de estar na missão 24x7. É preciso cultivar um sentido muito forte de serviço público para ingressar em uma carreira que cobra tanto. Ser político do jeito certo é difícil demais, é foda.

Me lembro também de outra ocasião que aumentou o meu entusiasmo: um jantar no dia 3 de outubro de 2017, em São Paulo, na casa de Lourenço Bustani. Fundador de uma consultoria de inovação chamada Mandalah, que aconselha empresas sobre a importância de se ter um propósito genuíno para o sucesso dos negócios, Bustani tinha organizado a reunião em torno de Marina Silva, cuja campanha à Presidência da República em 2018 ele coordenaria. Marina, naturalmente, estava lá. Eu não possuía afinidades pessoais com a Rede, mas Lourenço é um amigo de mais de uma década e, como idealizador do Renova, eu tinha interesse e vontade de conversar com todos. Me aproximei de Marina, que naquele momento era uma personagem central no cenário político, e me apresentei. "Sou o Eduardo, do Renova", estendi a mão. Ela se virou para mim. Sabia quem eu era e, durante alguns minutos, tive toda a sua atenção. "Eu já ouvi sobre o Renova", falou. "E quero te dizer uma coisa: tem gente boa nos diferentes espectros da política brasileira, e a sua missão é muito importante para que essas pessoas perseverem. Vão tentar muitas coisas para te deter. Se eu puder te dar um conselho, é este: ignore os detratores, fuja dos ruídos. Vá atrás das gargalhadas, dos ecos positivos."

"Vá atrás das gargalhadas." Durante muito tempo essas palavras não me saíram da cabeça. Foram norteadoras quando, mais ou menos na mesma época, antes de lançarmos o Renova, um deputado do PT entrou com uma representação junto à Procuradoria-Geral da República pedindo uma investigação sobre as intenções e a legalidade do Renova. O deputado nos acusava de abuso de poder econômico e muitas outras coisas e nem sequer tínhamos "nascido". A justificativa dele: oferecer auxílio financeiro aos alunos que fariam o curso era uma forma de tentar driblar a legislação eleitoral. Ora, naquele momento nos parecia claro que os futuros selecionados — ainda estávamos em processo de seleção — precisariam comer, pagar contas, ajudar suas famílias. Como a própria Tabata Amaral havia desabafado no jantar em que nos conhecemos. O apoio financeiro que o Renova propunha era baseado nos programas de bolsas de universidades mundo afora, ou seja, uma ajuda para atravessar os meses da formação, não um cheque para comprar consciências.

Aconselhado por advogados que apoiavam o Renova, fui a Brasília para uma reunião com o então vice-procurador-geral eleitoral, Humberto Jacques, vinculado ao Ministério Público Eleitoral. Foi uma conversa produtiva: expliquei o que era o movimento, o que pretendíamos e por quê. Jacques se confessou muito "tocado" e acho que ali comecei a esclarecer as nossas reais intenções, bem diferentes do que diziam nossos adversários. Também fui ao Tribunal Superior Eleitoral explicar como funcionava a questão do apoio que pretendíamos oferecer aos alunos. Com o tempo, e à medida que nossas ideias ficavam mais organizadas e nosso papel era reconhecido pela sociedade civil, a representação do deputado petista perdeu força.

Em 2020 o caso foi arquivado. Da manifestação do Ministério Público destaco este trecho: "A organização de uma entidade para a formação de lideranças políticas, por si só, não constitui irregularidade eleitoral, tendo a referida associação inclusive liberdade para seleção das pessoas que serão formadas, a partir de critérios próprios, bem como a instituição do conteúdo que será ministrado, salvo se identificado algum excesso ou violação a preceitos constitucionais, o que não corresponde à hipótese dos autos. (...) Ao contrário, mostra-se salutar a realização de discussões de cunho político, social, histórico, filosófico, econômico que permitam a formação de cidadãos com interesse em participar da vida política da nação."

Os partidos brasileiros deveriam fazer isso, mas não fazem.

Houve outros ataques. Ciro Gomes chamou o Renova de "partido clandestino", que "infiltra" seus membros nas agremiações formais para garantir tempo de TV e acesso ao fundo eleitoral. A explosão do ex-governador do Ceará se deu a propósito do voto de Tabata Amaral, deputada federal pelo partido dele, o PDT, a favor da reforma da Previdência, contrariando a orientação partidária. Ciro acha que ungiu Tabata, desconhecendo a trajetória de vida dela; aliás, é assim que alguns atores da política tradicional se comportam. Na visão deles, ninguém chega por mérito: chega se alguém permitiu, e pelas mãos dessas pessoas que "autorizaram". O Renova não é um partido, nem oficial nem clandestino, fato comprovado pela participação de 68 filiados ao PDT nas três edições que fizemos.

A viagem a Brasília, minha primeira experiência tão direta com o Poder Judiciário, deixou evidente para mim que o Renova precisava se comunicar com aqueles que definem as regras do processo político. Não adiantava atuarmos pelos futuros líderes sem uma estratégia de conscientização. De alguma forma ainda intuitiva, eu sabia que o Renova contrariava interesses importantes que se julgavam consolidados. Como conhecia pouco de direito eleitoral, fui muito bem assessorado por dois advogados que, voluntariamente, nos acompanharam: Angela Cignachi Baeta Neves e Francisco de Almeida Prado. Francisco e eu fomos colegas no Santo Américo e não nos víamos desde a escola. Quando ele soube do projeto, logo se prontificou a nos ajudar.

Na imprensa, começavam a falar sobre nós. No dia 11 de outubro, Nizan Guanaes, que já tinha demonstrado publicamente seu apoio, escreveu um artigo de boa repercussão e muito generoso comigo no jornal *Folha de S.Paulo*. Logo, éramos um grupo de trinta pessoas, a maioria voluntários. Fazíamos reuniões no escritório e também na minha casa, discutindo valores, missão do Renova, por que e para quem existíamos, para onde nos encaminhávamos. Hoje, quando me perguntam sobre esses aspectos, respondo sem hesitar, mas aquele era o momento intenso de formular nossas bases. Lembro-me de um encontro especialmente emocionante, em casa, durante o qual assinamos a ata de fundação do Renova. Eu tinha o desejo de agradecer a todos que trabalhavam voluntariamente e marquei uma festa no meu apartamento para um grupo de vinte pessoas, os mais próximos e ativos. Ju providenciou um jantar e eu pedi a Rodrigo Vella que levasse os documentos para formalizarmos a existência do Renova. Todo o grupo assinou a ata.

XII. "Vai ter gente do PSOL?"

Dia após dia, consolidávamos nossa visão e nosso propósito, apontando o caminho e dando concretude ao projeto. Eu seguia de encontro em encontro, buscando novos apoiadores. Tinha mergulhado de cabeça no Renova, e minha principal motivação naquele momento da vida era pôr nossa "escola de políticos" de pé. Trazer recursos, portanto, era fundamental. Wolff Klabin me acompanhou a várias reuniões de captação, especialmente no Rio de Janeiro. Sua presença foi importante.

Àquela altura, a Operação Lava-Jato já havia encarcerado empresários como Marcelo Odebrecht, da construtora que leva seu sobrenome, e um punhado de ex-diretores da Petrobras, entre outros executivos. Para mim, era ponto pacífico não bater na porta de ninguém que pudesse estar envolvido em escândalos.

O Renova já não era um nome desconhecido, mas nem por isso me recebiam bem. O fato de o movimento declarar-se apartidário incomodava muitas das pessoas que procurávamos. Às vezes, esse incômodo transparecia de maneira bastante direta. "Não quero apoiar vocês porque sou contra qualquer ajuda a pessoas de esquerda", me disse um empresário do Rio de Janeiro. "Vai ter gente do PSOL?", perguntou outro. Eu disse que ainda não sabia, mas que se o filiado ao PSOL fosse aprovado no nosso rigoroso processo seletivo a resposta seria sim, e que filiação partidária não seria fator de exclusão do curso. "Então, sinto muito, mas não me interessa fazer parte."

Perdi a conta de quantas vezes precisei explicar que, independentemente do que fizéssemos, esquerda e direita continuariam a existir. "O que precisamos é elevar a barra de todo mundo", argumentava eu, defendendo a diversidade de ideias e opiniões. A maioria não se convencia. Muitos nos falavam que pensariam no assunto e ligariam de volta, porém jamais retornavam. Uma parte das reuniões era extremamente desgastante e perdemos doadores inconformados por não aceitarmos, por exemplo, apenas políticos filiados ao Partido Novo, que estava em alta entre o empresariado na época. Hoje, felizmente, recebemos mais apoios e simpatia do que recusas. Se alguém hesita, não deixo escapar. "Pode deixar que eu ligo", digo, gentil, mas firme. "De que forma posso contar com o seu apoio?" Humildemente, sou bom nisso, em insistir.

Muita gente se comprometia e simplesmente escorregava.

Eu não levava para o lado pessoal. Entendia que comprometer-se e mudar de ideia, ou querer e depois não querer mais, era um traço de personalidade ou uma decisão por impulso, revogada após alguma reflexão. Então aceitava. Só me incomodava quando percebia algum indício de que a pessoa achava que o dinheiro era para mim. Era um questionamento de integridade, quando, na prática, eu estava investindo o nosso ativo mais escasso, que é o tempo, em um projeto que visava exclusivamente contribuir para o bem comum. Em situações assim, eu me levantava, agradecia e ia embora sem explicar por quê.

Houve um empresário bastante conhecido que atrelou sua contribuição ao voto de possíveis deputados eleitos em favor da futura reforma da Previdência, um projeto de visibilidade naquele momento. Expliquei novamente que a essência do Renova era abrir as portas da política a gente boa de todo o espectro ideológico e que, uma vez eleitos, eles votariam de acordo com a própria consciência, não com base no que ele ou eu pensássemos. Ele preferiu não contribuir. Agradeci e fui embora.

Mas também houve situações maravilhosas, de pessoas que ouviam com entusiasmo e diziam: "Quero estar perto!" Correndo o risco de ser injusto com tantos que nos apoiaram desde a primeira hora, me lembro da emoção de Teresa Bracher, fundadora de uma ONG de preservação do Pantanal mato-grossense, a Acaia. Teresa se emocionou na nossa reunião.

Se, por um lado, tinha gente que não entendia muito bem o que propúnhamos, por outro, houve quem compreendesse rapidamente e, ciente da necessidade da iniciativa, afirmasse seu apoio de forma quase imediata. Daniel Goldberg, ex-secretário de Direito Econômico do Ministério da Justiça, foi um deles. Depois de cinco minutos de conversa me falou: "Estou dentro. O Brasil precisa disso e demorou pra alguém fazer acontecer." Depois convidei o próprio Daniel para o conselho consultivo do Renova e nos tornamos bons amigos.

Eu me mantinha concentrado nessas situações e, apesar da novidade do tema, qualquer apoio contava muito. Em retrospectiva, devo um agradecimento a cada um que embarcou naquele começo, quando o projeto e o propósito ainda não estavam claros e havia dúvidas no ar.

Houve várias reuniões, jantares e eventos de captação. Nesses encontros, eu tentava abordar dois pontos principais: quanto o desinteresse pela política pode custar caríssimo para uma sociedade e como deveríamos valorizar aqueles que se propõem a disputar um cargo eletivo. Para explicar o primeiro ponto, compartilhava uma experiência que vivi cerca de vinte anos antes, quando fiz uma viagem de negócios à Venezuela, ainda um país rico, com uma economia pujante impulsionada pelo petróleo. Hugo Chávez, presidente eleito pela primeira vez em 1998, prometia combater a pobreza. Meus anfitriões me levaram para conhecer Caracas, e um dos locais que visitamos foi um lançamento imobiliário de altíssimo padrão em um bairro nobre da capital. Os apartamentos custavam cerca de 1 milhão de dólares, valor compatível com o de um imóvel daquele nível no Brasil.

O tempo passou e a Venezuela, com sua democracia em frangalhos e suas instituições de joelhos, empobreceu a ponto de empurrar levas de imigrantes para as fronteiras ao norte do Brasil. Decidi pesquisar quanto valia, naquele segundo semestre de 2017, o tal apartamento de alto padrão que eu tinha visitado quase duas décadas antes: 40 mil dólares. Ficou óbvio para mim que, quando a política vai mal, tudo perde valor no país, e essas perdas podem ser enormes, como acontecia na Venezuela. Eu explicava que todos os nossos ativos estavam atrelados ao Brasil, e se o Brasil definhasse todos nós afundaríamos junto. Era a história dos 700 bilhões de dólares de perdas das empresas listadas em bolsa adaptada ao universo das minhas plateias. A compreensão era imediata.

A propósito da derrocada da Venezuela, lembro-me de um evento em especial, na casa de Daniel Sonder, o CFO da B3, por ocasião de uma festa judaica. Foi um dos primeiros encontros do Renova. Estavam presentes alguns imigrantes judeus venezuelanos que ouviram atentamente minha exposição sobre o Renova. Ao final, uma senhora foi falar comigo. "Se tivesse havido na Venezuela um movimento como este, não teríamos naufragado", disse. (E eu nem tinha feito o comentário sobre o imóvel naquela ocasião!)

Por conta das reuniões de captação, que muitas vezes implicavam viagens, não estive em todas as bancas de avaliação para escolher os candidatos que iam se inscrevendo para a primeira turma do Renova, mas participei de algumas. Nossas peregrinações pelas "maternidades" de empreendedores cívicos aparentemente tinham surtido efeito: foram 4 mil inscrições de todo o Brasil. Fizemos uma primeira "peneira" cruzando CPFs com informações que, automaticamente, desclassificavam o candidato — como já ter ocupado cargo político eletivo ou ter tido envolvimento em atividades que pudessem configurar algum tipo de ilegalidade. Aplicamos testes de lógica e pedimos aos concorrentes que nos enviassem vídeos de três minutos explicando por que queriam estar no Renova e seu objetivo na política. Para não cair no "achismo", criamos uma metodologia de avaliação desses vídeos dando notas para quesitos como história e carisma.

As bancas lembravam mesmo os eventos acadêmicos. O processo era bem organizado e dava uma boa noção de como os candidatos se portavam e se comunicavam. Em algumas situações, agrupávamos pessoas de determinada região — houve o grupo de Minas, o do Paraná, por exemplo — e bombardeávamos os caras com perguntas que podiam ser espinhosas. Observávamos suas ponderações e reações, tomando notas para depois compartilhar nossas opiniões sobre cada um. Era o melhor processo seletivo possível para a estrutura que tínhamos e para a urgência do momento: queríamos qualificar candidatos já para as eleições de 2018 e estávamos a menos de um ano delas. E eu me convencera de que vínhamos levantando a barra: os candidatos, em sua maioria, tinham ótima formação — muitos haviam estudado fora do país —, demonstravam competência e mesmo os mais jovens traziam um histórico de realizações.

Também nos empenhamos em reunir um grupo bem variado de alunos, com equilíbrio entre homens e mulheres, pessoas de baixa renda e gente com dinheiro na conta bancária, do máximo possível de estados brasileiros e também do Distrito Federal, filiados à maior gama de partidos que conseguíssemos reunir. Receávamos, ao final da seleção, nos depararmos com uma turma de homens brancos de meia-idade, como é a cara da política brasileira.

Há muito mérito da equipe do Renova na construção desse grupo tão diverso: fizeram contato com movimentos sociais, movimentos negros, entidades de mulheres, agremiações de portadores de deficiência. A própria Izabella deu a cara a tapa quando alguém quis saber por que não incluíramos consultas sobre raça e gênero no processo seletivo. "Gente, desculpe", dizia. "Minha formação é em gestão de pessoas. Não pergunto sobre gênero e raça porque, nos processos que conduzo, estou de olho nas competências. Mas entendi o sentido, entendi a importância da representatividade" — e incluiu gênero e raça nos formulários. Também perguntavam a ela se haveria cotas para negros e mulheres. "Não, não tem", respondia. Para evitar que a conversa desandasse, ela falava da nossa decisão de garantir representatividade ao grupo.

Para todos nós, o Renova foi uma grande experiência de agilidade na aprendizagem. Poucas vezes na vida aprendemos tão depressa, corrigindo rotas imediatamente. Ao final, tivemos na composição da nossa primeira turma 29% de pretos, pardos e indígenas, e 11% de mulheres. Sabíamos que não era o ideal, ainda, mas não havia dúvidas de que tínhamos avançado em diversidade e pluralidade. Definimos um valor de apoio para aqueles que indicassem necessidade de suporte financeiro durante o programa: entre 5 mil e 12 mil reais mensais. O montante individual era decidido após um estudo de custo de vida na região de onde vinha o candidato. Cerca de 10% abriram mão do suporte financeiro.

Impusemos, sobretudo, uma régua ética, o que não é nada simples. Na fase da seleção, muitas pessoas me perguntavam como eu podia ter certeza de que os "aprovados" para a primeira turma do Renova não se revelariam maus políticos com o tempo. "Quem me garante que esses caras não vão virar bandidos daqui a dois anos?", quis saber um doador a quem procurei. Ora, não sabíamos. Não havia garantias. Como, de resto, não há para quase nada na vida. No entanto, os membros das bancas que montávamos para avaliar os candidatos realizavam entrevistas densas e detalhistas, em busca de atributos e características que minimizassem os riscos de trazerem aquele indivíduo para o programa e se arrependerem depois.

Cada banca tinha até onze pessoas, equilibrando gente de direita e de esquerda, além do próprio Wolff, em muitas delas, Regina Esteves, do Comunitas, profunda conhecedora de políticas públicas, Chico Mendez, especialista em campanhas políticas, e Renato Meirelles, presidente do instituto de pesquisas Locomotiva, um entusiasta de primeira hora. Pedíamos aos candidatos que contassem suas histórias e púnhamos gente para checar tudo. Descartamos muitas pessoas que pareciam promissoras, mas cuja biografia, na rechecagem, apresentava inconsistências. Mesmo depois de iniciado o curso houve alguns problemas. O Renova tem um canal de comunicação com o público e por meio dele soubemos de alunos que atuavam de forma imprópria em seus ambientes profissionais, havendo até boletins de ocorrência com acusação de crimes contra eles. Confirmadas as acusações, alguns foram desligados do programa.

No final, a turma ficou adequada e trouxe a legitimidade que esperávamos à nossa proposta. Eram os 100 primeiros alunos. Os aprovados receberam a notícia pouco antes do Natal.

Já se falou de liderança como um "dom", atributo natural, condição inata de poucos privilegiados. Ela também já foi distinguida como uma arte, aqui sofisticando um pouco do que se trata, mas já se aproximando do que realmente é: liderança é uma capacidade obtida e sustentada por um conjunto de preceitos, regras, técnicas e habilidades desejáveis a quem deseja ou se propõe a liderar. Ou seja, liderar é verbo que se aprende a conjugar, e não um dom de nascença.

É no caminho dessa visão moderna e democrática de liderança que o Renova surgiu e dá passos largos, e cada vez mais ousados. A primeira vez que ouvi falar do Renova foi pelo Octaciano Neto, um jovem que foi secretário da Agricultura no meu terceiro mandato como governador do Espírito Santo.

Octaciano tinha vontade de entrar para a política. Acompanhei todo o processo com bastante interesse, tanto pelo fato de que o Renova dialogava com a minha ideia de liderança como aprendizado quanto pela necessidade urgente de se investir na formação de novas e novos líderes.

Já fazia tempo que eu lamentava o déficit significativo de lideranças no mundo, e com mais intensidade no Brasil. As lideranças que ainda hoje estão por aqui foram formadas em dois grandes movimentos da história nacional: o entorno de 1964 — de onde veio, por exemplo, o ex- -presidente Fernando Henrique — e o processo de redemocratização.

Naquele tempo, a "escola da vida" era a escola da liderança, o que muitas vezes dava um ar de qualidade inata à habilidade de liderar. O Lula é um bom exemplo disso: um líder sindical que comandou as greves do ABC, tornou-se um líder social importante, fundou um partido, virou liderança política.

Da redemocratização para cá, porém, a formação "espontânea" de lideranças foi se enfraquecendo por uma série de razões, como as crises ético-políticas, o desinteresse pelas questões comunitárias, o incremento do individualismo etc. Os partidos políticos, que deveriam ter grande função no fomento de novas lideranças, também não funcionaram para isso. Mal pensados pela Constituinte de 1988, tornaram-se mais cartórios eleitoreiros do que espaços de inspiração e formação político-ideológica.

A grande sacada do Edu, a quem só conheci depois de o Renova estar de pé, foi enxergar esse déficit sem ter vivido o que eu vivi. Isso foi genial. Eu sempre me preocupei em formar lideranças. Sempre fiz das minhas *atividades de mandato (fui deputado estadual, deputado federal, prefeito de Vitória, senador e três vezes governador do Espírito Santo) uma escola de formação política, algo que está no meu DNA desde o movimento estudantil, nos anos 1970.*

A cada mandato que exerci cuidava da formação de gente, um eixo que sempre considerei estratégico. Mas atitudes como essas não garantem escala para resolver a falta de lideranças que temos no país, e eu não consegui imaginar o que o Edu formulou: que a forma de solucionar o problema seria criar uma instituição que fizesse essa formação. A iniciativa serve até mesmo para provocar os partidos políticos e obrigá-los a sair da zona de conforto, passando a cumprir sua função de qualificar cidadãs e cidadãos para a atividade política.

Ninguém nasce sabendo como ser um bom prefeito, vereador, deputado. Ninguém nasce sabendo negociar soluções, falar em público em um evento de campanha. Tudo isso pode e precisa ser ensinado, e é isso que o Renova faz: multiplica a presença de gente boa no ambiente político.

O Renova é fermento, e seus "graduados" são oxigênio num sistema político que foi envelhecendo muito rapidamente. Faz crescer boas práticas, boas atitudes, à esquerda, à direita e no centro, porque a escola não privilegia visões políticas, mas, sim, a boa política, republicana e humanística, tendo a diversidade, o debate e as liberdades como seu líquido amniótico.

Nesse sentido, mais que uma habilidade que se aprende, a liderança se coloca também como uma virtude, tendo em vista que, na definição de Aristóteles, "virtude é uma disposição adquirida de fazer o bem".

PAULO HARTUNG foi governador do
Espírito Santo (2003-2010, 2015-2018) e
é membro do conselho consultivo do Renova

XIII. Padrão gringo

Entre o Natal e o Ano-Novo, o Renova fez uma breve pausa para respirar. Em janeiro de 2018 voltamos com tudo, prontos para iniciar as aulas. No dia 20, um sábado, estavam todos em São Paulo para a abertura dos trabalhos, com passagens e hospedagem custeadas pelo Renova.

As aulas começariam na segunda-feira, dia 22. O curso seria ministrado em módulos, totalizando 220 horas. Ao término de cada etapa, os alunos voltariam para seus estados, para se reunirem novamente em São Paulo daí a dois meses, no mesmo esquema. Haveria aulas presenciais, trabalhos feitos a distância e mentorias.

Na noite anterior ao primeiro dia de aula, fizemos um evento de apresentação em um bufê em Pinheiros. Caiu uma baita chuva, faltou energia elétrica e nada diminuía o entusiasmo do grupo. Na recepção, falaram a senadora gaúcha Ana Amélia, admiradora do programa, e o jurista Márlon Reis, do Tocantins, idealizador da Lei da Ficha Limpa. Eu mesmo fiz um discurso, ainda que as minhas memórias daquela noite sejam difusas.

O time do Renova tinha feito um trabalho espetacular. Os alunos estavam hospedados em um hotel na região da avenida Luís Carlos Berrini, na Zona Sul da capital, e todos os dias de manhã eles eram transportados de van para a sede da Sociedade Brasileira de Coaching, na Vila Olímpia, não muito distante, onde ocorreriam as aulas, quase em esquema de internato. O plano era que respirassem política durante aqueles primeiros quinze dias de curso.

Desde o início eu quis deixar um ponto muito claro: se a política brasileira era avacalhada, com desrespeito frequente ao tempo e às agendas, o nosso curso seria "padrão gringo". Todo o material impresso estava à mão. Todos tinham crachá e o cronograma de aulas. Tudo começava na hora marcada. A van tinha orientação de partir do hotel pontualmente; quem se atrasasse para descer até o lobby ou enrolasse no café da manhã teria que se virar para chegar, mas perderia a primeira "aula", quase sempre uma palestra de um grande especialista convidado por nós. No primeiro dia houve alguns retardatários. Do segundo em diante, não mais.

Eu já estava a postos quando a van estacionou e os alunos desembarcaram. Ali, no térreo do prédio da SB Coaching, todos assinaram uma bandeira do Brasil, como se estivéssemos firmando um compromisso com o país. Estávamos eufóricos.

Os alunos foram divididos em três turmas, para tornar mais próximo o contato com o professor, o que exigia uma logística fabulosa em que cada convidado dava três vezes a mesma aula. Em grupos, todos se encaminharam para as salas. Difícil descrever como eu me sentia. Tinha feito tudo ao meu alcance para que aquele momento fosse impecável, mas não sabia — ninguém sabia — como seria a interação entre pessoas tão diferentes, com histórias de vida tão distintas. O apreço em comum pela política bastaria para construir uma liga?

Fato é que funcionou. Não sem atritos, especialmente por questionamentos sobre o sacramentado apartidarismo do programa, com alunos em pontos diversos do espectro político se engalfinhando em debates improdutivos. Na tentativa de promover o diálogo, fizemos questão de misturá-los com base nos seus posicionamentos. Por exemplo: Luiz Lima, hoje deputado federal pelo PSL, dividia quarto com Eliseu Neto, líder da causa LGBT no então PPS (atualmente Cidadania). Nos momentos de debates mais acalorados, era comum que entrássemos na conversa relembrando a todos por que estávamos ali. O inimigo comum, lembrávamos a eles, era a crise de representação que tínhamos no Brasil ou a má política, não o colega de sala ou o palestrante que trazia certo ponto de vista. Houve mesmo um pequeno grupo de alunos que exigiu participar da construção do curso. Explicamos que não seria possível: nosso compromisso, firmado com todos eles, era de buscar um caminho de fatos e evidências.

Eu estive em quase todas as aulas. A maior parte dos professores tinha vindo *pro bono*, sem receber nada pelo trabalho — acreditavam na causa. Aquela primeira etapa da formação foi puxada para todos: durou dez dias, com apenas um de pausa (as demais etapas aconteceram em ritmo mais suave, de três dias apenas). Quando penso no que foram aqueles dias, tenho uma lembrança de estar em moto-contínuo, em um ambiente vibrante no qual o extraordinário acontecia a toda hora. Eu me lembro de duas aulas que provocaram desconforto e reflexões no grupo: com Marcos Lisboa, presidente do Insper, sobre o debate eterno envolvendo a Zona Franca de Manaus ou mais um programa da indústria naval brasileira, e com a economista Ana Carla Abrão, que deu uma explicação detalhada sobre a falta de meritocracia no serviço público brasileiro.

Cada descoberta validava o propósito do Renova.

Na sexta-feira da semana seguinte, dia 2 de fevereiro, quando encerramos o primeiro módulo, alugamos uma sala no WTC, um grande centro empresarial na Zona Sul, e convidamos a imprensa para a apresentação da primeira turma do Renova. Todos os alunos estavam lá, com camisetas da escola. O WTC estava cheio, com a presença de muitos apoiadores e entusiastas, entre eles Marcelo Trindade, que, futuramente, concorreria ao governo do Rio de Janeiro, e me relatou ter tomado sua decisão de tentar participar da política naquele dia.

Depois do evento, saímos todos para um chope no Bar do Juarez, quase uma instituição paulistana, não muito longe dali. Me sentei ao lado de Felipe Rigoni, o jovem engenheiro do Espírito Santo que, àquela altura, já se convencera: seria candidato. "E aí, Felipe?", puxei papo. "Edu, estou pensando aqui em qual será o meu slogan de campanha", disse. Esperei que ele continuasse. "Estou em dúvida entre dois: 'Um olhar para o futuro' ou 'Um homem de visão'." Demorei alguns segundos para entender que era uma brincadeira. Felipe é cego. Rimos juntos, eu sempre admirado da leveza com que ele conduz a vida.

Encerrado o primeiro módulo, todo o time se reuniu para avaliar o que tinha acontecido. Estávamos exaustos e animados, mas, mesmo entre emoções tão intensas, conseguimos perceber que algumas regiões brasileiras estavam pouco representadas naquele grupo. Havíamos feito um esforço gigante para montar uma turma diversa, e com sucesso até certa medida, porém, naquela avaliação, achamos que era possível avançar nesse ponto, tão importante para os nossos objetivos. Montamos uma estratégia: se os candidatos não tinham vindo até nós, o Renova iria até eles. Achávamos, por exemplo, que era relevante ter gente do Maranhão, Piauí, Paraíba, Roraima, Tocantins, estados que não estavam representados no grupo até então; em Alagoas só tínhamos uma aluna, queríamos mais gente. E lá foi Arilton Ribeiro, do time, buscar candidaturas competitivas nos estados do Nordeste.

Arilton havia sido *trainee* pela Vetor Brasil, organização que seleciona e desenvolve talentos para trabalhar no setor público, no governo do Maranhão, e mantinha bons contatos por lá. Para o Sul, outra região que consideramos sub-representada, e o Tocantins, enviamos Rodrigo Cobra, também do time. Outro professor do Renova, o consultor de gestão pública Erick Jacques, partiu para o recrutamento nas regiões Norte e Centro-oeste.

Os três procuravam atores políticos locais que tivessem relevância, sem distinção de partido ou ideias, sabendo que daquele primeiro contato poderiam vir novos nomes para futuros cursos. Apresentavam a escola, falavam dos nossos objetivos e pediam indicações. Em Salvador, receberam boa acolhida de Maria do Rosário Magalhães, mãe de ACM Neto, então prefeito da cidade. Dona Rosário é um bom exemplo do que buscávamos naquele momento: dois anos depois, na campanha de 2020, a candidata que ela apoiaria para a Câmara dos Vereadores tinha sido aluna de outra turma do Renova. Eu mesmo fui a campo buscar nomes que pudessem acrescentar diversidade e potencial ao Renova.

No final do dia, só não conseguimos gente na Paraíba — o único aluno de lá que trouxemos para o Renova faltou aos dois módulos seguintes e acabou desligado. Foi graças a esse esforço adicional de recrutamento que se juntaram ao grupo a advogada Joenia Wapichana, deputada federal eleita pela Rede em 2018, o empreendedor Phelipe Mansur, de Foz do Iguaçu (PR), e mesmo nomes fortes paulistas, como Vinicius Poit, natural de São Bernardo do Campo (SP), e Marina Helou. Vinicius e Marina se elegeriam nos meses seguintes. De Alagoas veio Hemerson Casado, o Doutor Hemerson, um cirurgião cardíaco portador de esclerose lateral amiotrófica (ELA). Apesar de suas limitações, ele compareceu a todos os módulos e fez intervenções ótimas — por meio de um computador equipado com um software de leitura ocular, já que se comunicava apenas pelos olhos.

Os novos alunos selecionados por nossa equipe em campo foram sabatinados por uma banca da mesma forma que os 100 primeiros. Aprovados, fizeram uma imersão para se atualizar sobre o que havia acontecido no módulo inicial e entraram direto na "segunda perna", em março de 2018. Pelas minhas contas, poderíamos chegar a 150 inscritos na primeira turma, mas conseguimos 133. Era um bom número, consideramos, e com a diversidade que tínhamos buscado tão arduamente.

Também em março trouxemos para o Renova Pedro Simões, um redator com experiência em campanhas políticas. Pedro seria diretor de comunicação e, com seu histórico profissional, nos ajudaria na construção de uma narrativa para o Renova. Embora o curso já estivesse a todo o vapor, sentíamos falta de um porquê, de uma definição que comunicasse com clareza a toda a sociedade a razão da nossa existência. Esse foi um trabalho de grande importância para o Renova. Nos meses seguintes, cada vez mais os alunos conheceriam e incorporariam nossos pilares ao seu discurso cotidiano.

Quando cheguei ao Renova, embora a primeira classe já estivesse em andamento, havia uma certa resistência à ideia de escola, como se isso pudesse, de alguma maneira, "diminuir" nossa relevância ou infantilizar as futuras lideranças que estávamos formando ali. Para mim, sempre esteve claro que precisávamos falar de formação, de qualificação.

Hoje o Renova é encarado como um participante sério do jogo político: ajudou parlamentares a se eleger, formou um grande número de alunos, é reconhecido pela sociedade. Perdemos o receio de chamar nosso trabalho de "escola de formação". Mas naquele momento ainda não estava evidente que chegaríamos a esse ponto.

Nosso primeiro slogan foi "nosso país, nossa política", derivado da ideia de que se o país era de todos nós a política também deveria ser. Isso significava trazer o cidadão comum para a política. Narrativas são feitas de palavras, mas concretizadas por gestos e pessoas, e as nossas foram

*ficando mais e mais nítidas à medida que se destacavam nomes como Ta-
bata Amaral, Daniel José e tantos outros. Trabalhar com a verdade, por
mais que soe como um clichê, é sempre mais fácil do que florear a menti-
ra. No Renova, a verdade era a nossa matéria-prima. Sempre foi. Por isso
é tão simples dizer o que somos: somos uma escola de democracia.*

*Essa clareza foi muito importante porque nos deu elementos para
trabalhar com segurança os quatro pilares do Renova.*

*O primeiro deles é o conhecimento. Defendemos políticas públicas orien-
tadas por dados e evidências, e isso se tornou um ponto muito forte para a
nossa comunicação. O Renova se orienta pela ciência. Se a ciência nos diz
que a distribuição de renda básica reduz a pobreza, teremos um professor
falando sobre isso. Se a ciência nos diz que a responsabilidade fiscal dá bons
frutos, também teremos uma aula sobre esse tema. Como votarão nossos alunos é com eles; o Renova sempre se pautará pelo conhecimento.*

*O segundo é a independência. O Renova é independente, e quem faz o
Renova também. Ninguém doou mais do que 5% da receita total do Renova,
o que garante que nenhum apoiador é dono da escola que somos. Não temos
ligação com partidos nem com ideologias específicas, e a forma independente
de agir e pensar de nossos alunos que foram eleitos espelha esse princípio.*

*O terceiro é a transparência. Nossa lista de doadores está no site.
Somos transparentes em relação a nossas atividades e a nossos objetivos,
e estimulamos nossos alunos a agir da mesma maneira, prestando contas
à população que representam.*

*O quarto pilar, inevitável, é a democracia. Fortalecer a democracia é a
missão do Renova. Tem a ver com diálogo para buscar soluções, com afastar
a polarização. Hoje, muitos dos nossos eleitos abrem editais públicos para
destinação de verbas de emendas parlamentares. Parece um detalhe, mas,
quando agem assim, eles criam um dispositivo transparente para alocação
de recursos — é a democracia participativa, a política funcionando melhor.*

PEDRO SIMÕES foi diretor de comunicação do Renova.
Hoje coordena a estratégia de Comunicação
da Prefeitura do Rio de Janeiro

O curso durou cinco meses intensos, entre janeiro e junho de 2018. No meio do semestre, em maio, a convite do Council of the Americas, Conselho das Américas, organização de estímulo à integração do continente, três dos nossos alunos mais dedicados — Carlos Gomes, do Acre, Juliana Cardoso, de São Paulo, e Felipe Rigoni, do Espírito Santo — foram convidados a dar seu testemunho em um evento em Nova York. Depois da apresentação, Brian Winter, jornalista que trabalhara anos na Reuters no Brasil e mediador do evento, me procurou, entre surpreso e encantado: "Onde foi que você encontrou essas pessoas?", quis saber. "Quem dera que a cara da liderança política do Brasil fosse essa!" Uma delegação de deputados brasileiros tinha passado por lá alguns dias antes e, pelo jeito, não deixou uma ótima impressão.

Conforme o Renova crescia, passei a me preocupar também com a institucionalização da escola. Eu já tinha feito parte do conselho consultivo de organizações como o CLP e a Nature Conservancy, uma grande organização de preservação ambiental. Achei que era a hora de o Renova ter uma estrutura similar.

Convidei, em um primeiro momento, pessoas que acreditavam na causa e que estavam dispostas a investir um pouco de tempo e energia na função. Formalizamos um compromisso inicial de dois anos para cada membro. Após a formatura da primeira turma, também abrimos uma vaga para os formandos, ocupada inicialmente por Marina Helou, que se elegeria deputada estadual em São Paulo. Atualmente, o Conselho Consultivo do RenovaBR conta com onze membros, sendo seis homens e cinco mulheres.

A primeira turma do Renova encerrou-se com uma aula em Brasília e com a cerimônia de formatura na Praça dos Três Poderes. Quando vejo a foto do grupo com o prédio do Congresso Nacional ao fundo, cai a ficha da enormidade do que fizemos. Ao final de cada módulo, o time parava para se perguntar como seria o próximo — era como ajustar os equipamentos de voo com o avião no ar. Tínhamos uma grade-base, que Gabriel Azevedo me apresentara logo nas nossas primeiras conversas, ainda na fase de validação do Renova. Trouxemos gente experiente do exterior, caso do convênio com a tradicional George Washington University, nos Estados Unidos, para ministrar algumas das aulas. Mas a cada conclusão de bloco nos perguntávamos se o que havíamos planejado para o seguinte ainda fazia sentido à luz do que tínhamos ouvido no anterior. Cancelávamos aulas, botávamos outra no lugar. Todo o nosso esforço era canalizado para proporcionar a melhor formação, com os melhores nomes. Vinha dando certo, mas era tenso.

XIV. Brasil adentro

Naquele momento ainda não estava claro para nós qual seria o resultado de todo aquele esforço. Sabíamos que a contribuição do Renova seria limitada: na prática, não tínhamos sequer as definições de quem seria candidato. Uma vez concluído o curso, cada formando iniciaria a própria jornada de decisão, primeiro, sobre sair ou não candidato; segundo, para que posição: senador ou deputado?, deputado federal ou estadual?

Também sabíamos que, apesar de o Renova ter dado uma contribuição importante, a realidade de uma eleição era completamente diferente, sobretudo no que dizia respeito aos recursos. Eleições, como estávamos cansados de saber, eram caras, e a maioria daquelas pessoas não contava com apadrinhamento partidário. Consequentemente, não teriam quase acesso ao fundo eleitoral. O financiamento de campanhas, que até pouco tempo era privado, tornara-se público, dependendo dos laços com partidos políticos e o tamanho da representatividade deles. Os formandos tinham consciência, na teoria, de como deveria se dar a captação de recursos para fazer uma campanha, mas estruturar-se para pôr a mão na massa era outra história. Depois de criar o programa, colocá-lo para rodar em tempo recorde e formar a primeira turma, foi doloroso ver a dificuldade daquelas pessoas para levantar recursos. Era uma turma altamente qualificada, no entanto, poucos tinham capital próprio para montar times, organizar uma campanha competitiva e pagar as contas do mês.

Não era obrigatório decidir se candidatar — mas a maioria quis, o que para mim funcionava como medida de sucesso. Eles não desistirem eu já considerava uma vitória. Dos 133 alunos da primeira turma, 117 — ou seja, 88% — escolheram concorrer a um cargo político nas eleições de 2018, em que seriam eleitos o presidente da República, os governadores, os deputados estaduais e federais e parte do Senado.

Conheci cada um dos 133 com razoável profundidade porque estive bastante próximo do percurso dessa primeira turma. Muitos se tornaram amigos, pessoas a quem me afeiçoei e admiro. Marcelo Calero, que chegou a ser ministro da Cultura do governo Michel Temer em 2016 e trabalhava para eleger-se deputado federal pelo Cidadania. Tabata e Renan, os jovens daquele jantar que parecia ter acontecido séculos atrás, mas só seis meses tinham se passado. Daniel José, que participou da criação do Renova desde o início e pleitearia — com sucesso — uma vaga na Assembleia Legislativa de São Paulo, a Alesp, pelo Partido Novo. Alessandra Monteiro, da Rede, que obteve a primeira suplência de seu partido na mesma Alesp. Juliana Cardoso, candidata a deputada federal pelo PR de São Paulo. Karlla Falcão, a jovem de Maranguape 2, um bairro pobre e violento de Recife, que manteve pulsante sua veia empreendedora, apesar das adversidades, e foi cofundadora do movimento Livres. Vinicius Poit, jovem empreendedor de São Paulo que se elegeu deputado federal e hoje coordena a bancada do estado na Câmara. Os gaúchos Diza Gonzaga e Fábio Ostermann. Gente muito diferente, com um entusiasmo em comum pela possibilidade de trabalhar por um país mais justo.

O que eu podia fazer por eles? Como Renova, uma escola de política, pouco. Lá atrás, nos primórdios, tínhamos nos distanciado da ideia de financiamento eleitoral. Já como pessoa física, fundador do movimento, eu podia ajudar.

O tempo de concepção e construção do Renova foi de hiato profissional. Um sabático cívico — era assim que eu o chamava. Sem nenhuma função executiva na Somos nem na Tarpon, coloquei minha agenda à disposição dos candidatos formados pelo Renova. No nosso grupo pessoal de WhatsApp, avisei: "Contem comigo. Se precisarem que eu vá a eventos de captação ou a reuniões com doadores, para falar sobre a história de vocês e sobre por que merecem e precisam de apoio e de votos, me chamem." Esclareci que não era uma atividade da escola; era o Eduardo honrando a decisão de cada uma daquelas pessoas de entrar na política. A cada um que decidia se candidatar, eu dizia: "Que legal, saiba que estou aqui, do seu lado. Não sei se estar ao seu lado pode ajudar infinitamente, mas saiba que estou com você."

Minha oferta foi bem recebida. Entre julho e setembro de 2018, até as vésperas das eleições, viajei o Brasil inteiro levando apoio aos candidatos. Aceitei todos os convites que me fizeram, sem distinção de partido, de visão de mundo, de nada. Estive em quase todos os estados e no Distrito Federal. Sugeria que organizassem eventos de captação e, a certa altura, eu ia lá na frente — em palcos, galpões, uns mais precários, outros com mais estrutura, ao ar livre, em tendas — e dizia as mesmas frases, nas quais eu acreditava profundamente: que o candidato que se apresentava ali era qualificado e capacitado. Que estava comprometido com a renovação política. Lembrava aos interlocutores daquele candidato quão difícil era abrir mão de uma carreira e de uma trajetória profissional, que muitas vezes já ia avançada, para se lançar numa jornada incerta.

Os candidatos eram quase sempre mal avaliados pela sociedade, que tem pouco apreço pelo envolvimento com a política. Nesse contexto difícil, marcado pela antipatia, eu via aquelas pessoas como soldados de partida para uma guerra, mas sem direito a aplausos por isso. Nós, do Renova, tínhamos feito a nossa parte. Agora havia chegado a hora de a sociedade apoiá-los. Com o tempo, meu rosto foi ficando mais conhecido como a face pública da escola de formação de políticos, mas naquele momento pouca gente sabia quem eu era.

Comecei meu périplo pelo Espírito Santo, onde falei em favor de uma candidata de Vila Velha, na Grande Vitória; na sequência, tive meu primeiro encontro com o então governador, Paulo Hartung, que acabou por integrar o conselho consultivo do Renova. Além da conversa produtiva, lembro que Hartung nos levou para visitar uma exposição de artes no Palácio Anchieta, sede do governo estadual, uma construção de quase cinco séculos erguida pelos jesuítas e recém-restaurada. Estava comigo Arilton Ribeiro, professor do Renova.

O encontro entre Hartung e Edu foi memorável, com o então governador elogiando muito o nosso trabalho, falando da importância daquilo para o país. Nos primeiros eventos do Renova, o Edu ainda era tímido, ficava vermelho com os elogios. Com o tempo, foi se sentindo mais confortável nessa posição de face pública, mas lá atrás, quando começou a viajar, era como se cada comentário elogioso fosse uma surpresa. Talvez não tivéssemos — falo por mim, acreditando que isso também acontecia com ele — a dimensão do que o Renova tinha feito até ali. Edu tinha entrado nessa porque estava convencido de que alguém precisava fazer aquele trabalho. E para nós, da equipe, era o nosso dia a dia. Mas ver a transformação na prática era outra história. A gente não tinha ideia. Aos poucos, ele foi se "soltando". Mas seu discurso sempre foi o mesmo, e muito coerente. "O Brasil está indo mal, e se continuar assim será ruim pra todo mundo", dizia para empresários. "Aqui é o nosso país. A gente precisa fazer essa transformação, e ela começa pela política." Ele passava verdade, ninguém duvidava dele. De vez em quando, claro, vinha algum comentário crítico de gente que questionava as intenções do Renova. Edu ficava perplexo: não estava mandando recado, ele próprio estava ali, falando pela escola. Edu considerava que a simples presença dele já era uma resposta.

ARILTON RIBEIRO é professor do Renova

De Vitória fomos para Salvador, onde nos esperava uma agenda mais tranquila. A parada seguinte foi Aracaju, onde, às seis e meia da manhã, participei de uma entrevista em uma rádio local com um aluno nosso que era candidato a governador. Também encontrei Alessandro Vieira, que fora aluno do Renova, no hotel, para um bate-papo. Ele me contou que sairia candidato ao Senado. Reagi com dúvida, mas Alessandro não só foi eleito, como foi o mais votado; de fato, a política não é previsível. De lá fomos a Maceió, num evento de campanha em uma pizzaria onde havia pouca gente. Entre Aracaju e Recife, por causa de um voo cancelado, pegamos um carro para encarar um dia de agenda cheia, com café da manhã, almoço e jantar de apoio a seis candidatos que tinham feito o curso.

Com outro professor do Renova, Rodrigo Cobra, um jovem administrador público mineiro com experiência em governos e campanhas políticas, viajei para o Sul, sempre com a intenção de oferecer apoio aos alunos-candidatos. Àquela altura, eu já tinha dado várias entrevistas, mas era sempre uma experiência que começava com alguma tensão. Numa conversa gravada para o canal do YouTube da *Gazeta do Povo*, um grupo de mídia de Curitiba, lembro de ter me exasperado um pouco quando o entrevistador trouxe à tona a história de "investidor apoiando políticos". Respirei e expliquei que alguém tinha que começar aquele movimento de apoio à boa política. "É o meu momento de retribuir tudo o que o Brasil me deu", respondi. Tentava responder calmamente, sem me exaltar, dizendo a mim mesmo que o Renova ainda era pouco conhecido, que estávamos construindo a marca e apresentando o nosso trabalho.

Certa vez, estava em férias com minha família em Foz do Iguaçu quando Phelipe Mansur, então candidato a deputado estadual, me perguntou se eu iria a um jantar organizado por ele. Iria, lógico. Fui, com Cobra. (Nas eleições de 2018, Phelipe Mansur não foi eleito para a Assembleia Legislativa paranaense. Em 2020, pré-candidato à Prefeitura de Foz do Iguaçu, faleceu em um acidente automobilístico no interior do Paraná em 1º de junho. Tinha 37 anos.) Às vezes, pequenos grupos de egressos do Renova promoviam um só evento, passando por cima de rivalidades partidárias. Fui a um jantar em Blumenau (SC) que reuniu quatro candidatos de pontos diferentes do espectro político, do Novo ao PSB. Outras vezes, na mesma cidade, participei de eventos de campanhas de adversários — e não deixava de ser curioso que eu estivesse em comícios de forças políticas opostas em um mesmo dia, validando as duas candidaturas.

Houve uma ocasião em que percorri seis estados em três dias, levando meu apoio a diversos candidatos da região, viajando ora de avião, ora de carro por estradas esburacadas e poeirentas. Foi uma experiência extraordinária, porém exaustiva em todos os aspectos. Sem exagero, dei o meu melhor naquelas campanhas pulverizadas pelo Brasil. Mas eu não tinha nenhuma dúvida de que era o certo a fazer. Não seria justo deixar aqueles candidatos morrer na praia quando, de alguma maneira, eu, pessoa física, poderia continuar ajudando.

Nunca me esqueço de um evento ao qual compareci acompanhando o Edu em Curitiba. Era um evento de arrecadação enorme, um jantar numa pizzaria, muita gente, organizado em torno de dois alunos, Diogo Busse, candidato a deputado estadual pelo PPS, e Natalie Unterstell, candidata a federal pelo Podemos. Edu foi convidado a explicar o que era o Renova e falou, mas também ouviu com muita atenção o que diziam os candidatos, reparando em tudo, como se estivesse num transe. A certa altura, observei que ele abordou um garçom pedindo papel e caneta e foi para um canto, sozinho. Sentou-se e passou um tempo escrevendo. Então, como precisava sair antes de o evento terminar, ele me entregou o papel com uma recomendação: "Cara, procura os alunos no final e diz tudo o que eu escrevi aqui para eles."

Infelizmente, não tenho mais esse bilhete. Eram meia dúzia de orientações muito pertinentes sobre como se apresentar, a melhor maneira de expor ideias, o melhor momento após uma fala para entrar com o pedido de recursos para a campanha, a importância de receber os convidados na porta e percorrer o espaço perguntando, de mesa em mesa, de grupo em grupo, se estava tudo bem com o evento. Eram dicas do que não poderia faltar no próximo evento de arrecadação daqueles alunos de Curitiba, a partir do que ele tinha visto até então, para que fossem mais eficazes.

Em Foz do Iguaçu, eu estava ao lado do Edu numa grande reunião de captação organizada pelo então candidato a deputado estadual Phelipe Mansur. Foz é uma cidade com uma grande colônia sírio-libanesa, e Mansur estava convencido de que a presença de Edu, um self-made man *de origem libanesa, seria imensamente valiosa para sua candidatura. Chegamos a um hotel de propriedade de empresários da colônia. Phelipe explicou as linhas gerais de sua campanha e passou a palavra ao Edu, que, com grande sensibilidade, contou ali a história de sua família. Lembrou o nome da cidade de onde viera seu avô, a saga brasileira, com erros e acertos, e tocou a plateia. Durante as falas, a equipe do Phelipe distribuía envelopes entre os presentes com uma fichinha simples, com nome, quanto pretendiam doar e contato. Concluíram o evento com pro-*

messas de 300 mil reais em doação eleitoral. Lógico que algumas não se consolidaram, mas poucas. Qualquer que fosse o resultado financeiro, naquele evento Edu ajudou Phelipe a ganhar o coração e a mente daqueles empresários para sua campanha.

Nos eventos pelo Brasil, Edu sempre se apresentava como pessoa física — não eram atividades do Renova. Como tal, modulava seu discurso com grande habilidade, de acordo com o público. Da mesma forma que em Foz do Iguaçu havia emergido a história de sucesso do empreendedor de origem libanesa, em outros encontros ele destacava o que tinha mais potencial para sensibilizar a plateia. Em Blumenau, participou de um evento de captação para candidatos locais que reuniu empresários de ramos diversos. Para aquele público, Edu ressaltou o valor de ter candidatos bem formados para atuar com ética e responsabilidade na política; se antes aqueles empresários não tinham opção, agora tinham.

Independentemente da plateia, o mais valioso é que era sempre verdadeiro. Edu falava de si, de seus ideais, do desejo de mudar o Brasil por meio da boa política e de como o Renova vinha preparando pessoas qualificadas. Era isso que trazia as pessoas para o nosso lado.

· RODRIGO MATSUMOTO COBRA é professor do Renova

A recepção, naturalmente, era desigual, como desigual é a maturidade política nos diferentes estados do Brasil. No Rio de Janeiro, em São Paulo e em Minas Gerais encontrávamos maior acolhida — talvez porque nesses dois estados já houvesse, mesmo que de maneira incipiente, o hábito de fazer contribuições eleitorais. Sempre que participava de eventos nesses lugares, eu era abordado, ao final, por gente que queria se apresentar, argumentar, elogiar, contestar. Raramente conseguia ir embora direto — às vezes, aquelas conversas, ao apagar das luzes, se estendiam por horas. Nas outras regiões do Brasil, a mobilização diminuía consideravelmente, talvez porque ali a população já tivesse se habituado a determinado modelo e não mais conseguisse enxergar que podia ser diferente. Num evento reunindo dois candidatos do Renova em Goiânia, falamos para pouca gente e, quando acabou, fiquei sozinho, exceto pela companhia de Erick Jacques.

Viajando de carro ou de avião, realidades distintas se desdobravam diante de mim. Nas estradas precárias do Piauí e do Maranhão, passei pelos parques eólicos da Omega, empresa de produção de energia renovável que tive a sorte de ajudar a construir e de cujo conselho de administração faço parte. Ao mesmo tempo, me sentia entristecido pelos contrastes. Observei a deterioração da paisagem quando cruzei a divisa do Piauí e entrei no Maranhão, com suas cidades tão mais pobres, mesmo em meio a toda a pobreza que eu já vira. Só uma vez deixei de cumprir o roteiro — quando, no Nordeste, tive uma indisposição e achei melhor voltar para São Paulo. O adoecimento só fez aumentar meu respeito pelos caras que faziam campanha; depois daquela maratona eu podia afirmar, sem margem para dúvida, que ser político em campanha não era para qualquer um. Lembrei-me do Tiago Mitraud, ex-Renova, eleito deputado federal pelo Partido Novo em 2018, que percorreu milhares de quilômetros pelas estradas de Minas em campanha, dormindo no carro. Era preciso ter muita determinação, e aqueles caras tinham. Tiro meu chapéu para eles.

Em Manaus, dois alunos do Renova concorriam a vagas para deputado federal e um a estadual. Fui para a capital manauara com Erick Jacques. Mal nos instalamos no hotel e percebi algo estranho. As janelas do quarto estavam fechadas, mas as cortinas se movimentavam misteriosamente. As luzes oscilavam. Demorou alguns minutos e adivinhei: um terremoto. Os tremores passaram sem deixar maiores consequências, mas soubemos depois que o epicentro havia sido na Venezuela, onde chegou a 7,2 graus na escala Richter. Erick se assustou a ponto de descer à recepção e sair para a rua, perplexo.

Um dos candidatos a deputado federal em Manaus, Dodó Carvalho, era um empresário conhecido na cidade. Promoveu um jantar em sua casa e, de maneira cordial, convidou os outros dois colegas do Renova, mais jovens, Michelle Guimarães, que concorria com ele à Câmara dos Deputados, e Julio Lins, que pretendia ingressar na Assembleia Legislativa e hoje estuda em Princeton, nos Estados Unidos. Eram todos de partidos diferentes. O que era para ser um evento de captação para a campanha de Dodó virou, assim, um jantar de arrecadação coletiva. De certa forma, aquele evento refletia o espírito do Renova: reunia três políticos que pensavam diferente, mas queriam o mesmo bem para o Brasil. Naquele jantar, além de falar em prol dos candidatos, discursei para uma plateia de empresários sobre quanto a má política prejudicava o Brasil, a nossa vida, o trabalho, as condições de prosperar e, consequentemente, os negócios.

Naquela perna da viagem, um ponto, em especial, chamou minha atenção: a dificuldade para pedir dinheiro, tanto entre candidatos experientes, como Dodó, como entre os recém-chegados à política. Era um ponto para seguir repisando nos próximos cursos do Renova.

A questão da captação de verbas para campanha era crítica em Manaus, como em outros estados. No jantar onde estivemos, os anfitriões estavam muito tímidos na hora de distribuir, entre os convidados, as fichas de doação que os orientávamos a passar nesses eventos. Mesmo com o Edu ali, falando em favor dos candidatos, pedir dinheiro era difícil. As pessoas tinham vergonha. Conversando em particular com os candidatos, Edu lembrava a eles que não estavam pedindo dinheiro para eles próprios, para comprar um carro ou reformar a casa, e sim para um projeto político. Orientava as pessoas a se apresentar como instrumentos na construção de um país melhor. Lembrava a elas que eleição não é plantação: é colheita. É o ponto final de um processo que exigiu um projeto e engajamento de gente que acreditou e contribuiu, construindo uma rede de apoio. Depois disso, a maioria se sentiu mais confortável nas sessões de captação. Tudo isso, claro, era passado nas aulas, mas na hora de pôr a mão na massa a maioria dos alunos achava desconfortável.

ERICK JACQUES é professor do Renova

Apesar do baixo engajamento em alguns dos eventos, houve bons resultados em Pernambuco e em estados do Sul. A questão do apartidarismo do Renova seguia como ponto de atrito. Reforçávamos a ideia de que o objetivo do movimento era oferecer opções à sociedade, e não apenas uma opção, de modo a que todo eleitor, independentemente de suas posições políticas, encontrasse candidatos bem preparados com os quais tivesse afinidades ideológicas. Onde houver um candidato honesto, qualificado, que vê na política uma missão e não um negócio, o Renova estará ali, ao seu lado.

Meu apoio não se restringia às viagens: ajudava em tudo o que pudesse, mesmo que não diretamente. Desde o início Felipe Rigoni se revelou um aluno dedicado. Quando pôs em campo sua campanha para deputado federal, recrutou uma coordenadora da melhor qualidade, mas não podia pagar o salário dela — na distribuição das verbas de campanha, seu partido, o PSB, vinha priorizando outro candidato, mais experiente, que buscava a reeleição. Um dia, Felipe me procurou dizendo-se feliz com a coordenadora — e desesperado porque não tinha como mantê-la. "Essa menina é incrível, Edu, ela vai fazer uma diferença enorme na minha campanha. Mas vem da iniciativa privada e não tenho como pagar a ela por dois meses de trabalho. Você tem como me ajudar?", perguntou.

"Olha, Felipe, a sua história é maravilhosa. Você precisa vir para São Paulo contá-la aqui", sugeri. Felipe de fato veio a São Paulo, onde conheceu pessoas que acabaram por apoiá-lo em sua demanda. A coordenadora de campanha, Ingrid Negraes Lunardi, hoje chefia o gabinete do deputado federal que foi o segundo mais votado em seu estado, com 84.405 votos.

Fiquei cego aos 15 anos, depois de uma inflamação nos olhos e 17 cirurgias que não deram certo. Tive muitos momentos de revolta logo que perdi a visão. Eu não entendia por que aquilo tinha acontecido comigo. Isso começou a mudar em um dia comum, quando meu pai me encontrou chorando, desesperado, no sofá da sala. Ele se sentou do meu lado e disse:"Filho, lembra que você tem escolha." E saiu.

No primeiro momento, não entendi. Escolha do quê? Levou um tempo até cair a ficha: eu não podia fazer nada em relação à cegueira, mas podia escolher minha atitude diante dela, já que ela era inevitável. O chacoalhão do meu pai, somado a uma postura altruísta que sempre admirei na minha mãe, me fez perceber muitas coisas. Primeiro, que eu poderia evoluir por meio do estudo. Prestei vestibular e cursei engenharia de produção na Universidade Federal de Ouro Preto. Segundo, despertou em mim o desejo de ajudar outras pessoas mostrando a elas a importância de tomar as melhores decisões.

Comecei a trabalhar com empresas juniores na época da faculdade, estimulando iniciativas empreendedoras. Logo percebi quão relevante é ter um grupo de pessoas organizadas ao redor de um mesmo sonho, de um mesmo objetivo, tomando as melhores decisões coletivas. Eu tinha obsessão pelos processos de tomada de decisão, e isso me levou a atuar como coach *na área de desenvolvimento humano.*

Então teve um momento em que percebi que tomar uma boa decisão não era suficiente. Por melhor que fosse, por mais que a pessoa se esforçasse, havia diferenças no resultado final, e essas diferenças tinham a ver com as oportunidades. Foi aí que virei político. Um chamado, nada a ver com sobrenatural, e sim com a realidade que vivi.

Em 2016 me filiei ao PSDB, movido pela admiração que sempre tive por Fernando Henrique Cardoso, e me candidatei a vereador na minha cidade, Linhares, no Espírito Santo. Tive votos para me eleger, mas, como o partido não teve um bom desempenho, não deu. Fiquei umas três semanas bem mal, refletindo sobre a minha derrota, e entendi que eu tinha que me preparar melhor. Participei da fundação do movimento Acredito e decidi batalhar por uma bolsa para estudar fora. Fui aceito em Oxford, na Inglaterra, para um mestrado em políticas públicas, com suporte da Fundação Lemann e da Fundação Estudar, e meti as caras.

Conheci o Renova por meio do Acredito, quando eu já tinha resolvido tentar a vaga de deputado federal. Havia uma pergunta no ar sobre o Edu: "Quem é esse cara que está querendo formar políticos?" Ainda hoje há críticas sobre esse ponto, mas, de minha parte, qualquer dúvida logo se desfez. Entendi que não havia nenhum ruído entre as propostas do Acredito, um movimento programático, e o Renova, uma escola que pretende formar gente de qualquer lado ideológico. Fui aceito e fiz o curso em meio ao mestrado, pedindo licença, viajando para o Brasil para cumprir os módulos e voltando para a Inglaterra quando terminavam. Foi puxado, mas consegui concluir a formação do Renova e o mestrado. Meu estágio para a conclusão de Oxford foi a campanha.

Todo mundo me achava meio maluco por querer entrar na política — até meu pai, que tinha sido vereador trinta anos antes e saiu puto da experiência. Me diziam para esperar a política melhorar, mas eu rebatia dizendo que estávamos em um círculo vicioso: se esperar, a política não melhora. Minha candidatura foi vista com certo deboche até dentro do meu partido: 27 anos, cego, uma tentativa frustrada de ser vereador e ainda por cima partindo logo para deputado federal. Concorri pelo PSB, que firmara com o Acredito uma das chamadas "cartas de independência", liberando seus candidatos de compromissos partidários que não estivessem de acordo com os ideais do movimento.

Minha vitória foi fruto de muito trabalho e persistência. O aprendizado no Renova me ajudou muito, oferecendo conhecimentos gerais do Brasil e informações específicas sobre o que fazer em certos momentos da campanha. Eu tinha muita dúvida, por exemplo, sobre como organizar uma reunião. Um dos professores me disse: "Cara, liga para um amigo seu, pede para ele juntar mais dez amigos e vai lá falar. Três dessas por dia e sua campanha está feita." Saí de lá fazendo isso adoidado!

Mesmo que nem todo mundo conhecesse o Renova, foi sem dúvida uma chancela para mim. Fui selecionado para ser preparado como bom político. O Renova é uma das grandes iniciativas que vai transformar a política brasileira. A democracia é feita de gente, e gente mais bem formada vai fazer um país melhor para todos.

Felipe Rigoni é deputado federal pelo PSB
(legislatura 2019-2022)

Em outra ocasião, em São Paulo, acompanhei Ricardo Mellão, que se candidatara à Assembleia Legislativa do estado pelo Novo, a uma reunião num importante sindicato do setor imobiliário. Mellão — hoje um ótimo deputado, autor de trinta propostas e de um Código de Defesa do Empreendedor para reduzir a burocracia — tinha se lançado na política em parte para honrar a trajetória de seu pai, João Mellão Neto, que estava doente (acabaria falecendo em abril de 2020). Naquele dia, Mellão estava desanimado: achava que não seria eleito. Na saída, tomamos o mesmo táxi. Tive uma ideia: "Mellão, você tem muito conteúdo e paixão. Não pode desanimar. Vamos convencer esse taxista a ser teu eleitor?" Ele achou que não fosse sério. Era. Cutuquei-o e Mellão passou a viagem inteira conversando com o motorista. Se votou nele? Não sabemos, mas saímos do carro achando que ele tinha conquistado um eleitor.

Mellão elegeu-se com 27.150 votos. Vê-lo entrar na política e se destacar é uma recompensa enorme.

XV. Dezessete

Dar todo o apoio possível aos formados pelo Renova era uma questão de honra para mim, mas não se tratava apenas disso. No fundo, eu sabia que o futuro do Renova dependia do resultado que eles alcançassem naquelas eleições. Se nossos alunos se elegessem, conseguiríamos perenizar o movimento/escola. Se fossem um fracasso nas urnas, o Renova como instituição provavelmente morreria. Quantos precisaríamos eleger para celebrar a continuidade do projeto? Eu não sabia. Ninguém sabia, àquela altura.

O primeiro turno das eleições aconteceu no domingo 7 de outubro de 2018. Como nosso escritório não abria, combinei com o pessoal do time que o quartel-general seria na minha casa. Minha sala virou nossa sala de guerra. Estávamos tão nervosos que esperar o fechamento das urnas foi uma tortura. Quando finalmente as apurações começaram a ser liberadas, contabilizamos: entre titulares e suplentes, dezesseis dos eleitos vinham das fileiras do Renova. Dezesseis pessoas que, não fosse pelo movimento que tinha nascido da inquietação compartilhada por um grupo de cidadãos brasileiros, dificilmente teriam uma chance na política. Faço questão de listar o nome delas:

Alessandro Vieira (senador, Sergipe, Cidadania)*
David Maia (deputado estadual, Alagoas, DEM)
Daniel José (deputado estadual, São Paulo, Novo)
Fábio Ostermann (deputado estadual, Rio Grande do Sul, Novo)
Felipe Rigoni (deputado federal, Espírito Santo, PSB)
Heni Ozi Cukier (deputado estadual, São Paulo, Novo)
Joenia Wapichana (deputada federal, Roraima, Rede)
Lucas Gonzalez (deputado federal, Minas Gerais, Novo)
Luiz Lima (deputado federal, Rio de Janeiro, PSL)
Marcelo Calero (deputado federal, Rio de Janeiro, Cidadania)
Marina Helou (deputada estadual, São Paulo, Rede)
Paulo Ganime (deputado federal, Rio de Janeiro, Novo)
Ricardo Mellão (deputado estadual, São Paulo, Novo)
Tabata Amaral (deputada federal, São Paulo, PDT)
Tiago Mitraud (deputado federal, Minas Gerais, Novo)
Vinicius Poit (deputado federal, São Paulo, Novo)

De certa forma, tínhamos dado o impulso para a renovação política com que sonhávamos.

Naquela noite inesquecível, abrimos um espumante e fizemos um brinde, todos eufóricos. Daí a pouco chegaram Daniel José e Vinicius Poit. Liguei para todo mundo que não estava ali, me emocionei ao falar com cada um. Festejamos até muito tarde e fui dormir bêbado e emocionado como poucas vezes na vida. Um daqueles dias em que a pessoa olha para si mesma, como se pudesse se dar um tapinha nas próprias costas, e diz: "Do caralho!"

---

* Eleito pela Rede.

Somente no começo de dezembro viria a confirmação do décimo sétimo eleito, Renan Ferreirinha, agora deputado estadual pelo Rio de Janeiro. O resultado de Renan demorou mais a sair porque havia um processo contra o terceiro candidato mais votado do partido dele, o PSB. Ferreirinha tinha ficado em segundo lugar, mas precisava da soma dos votos para cravar a vaga na Assembleia Legislativa. Só dois meses depois uma votação do Tribunal Superior Eleitoral absolveu o outro candidato e validou os votos.

Em 1º de fevereiro de 2019, os deputados federais que tinham feito a formação do Renova tomaram posse em sessão no Plenário Ulysses Guimarães. Eu estava lá. Lembro que havia dado a Vinicius Poit uma gravata que eu tinha, laranja — a cor-símbolo do Partido Novo —, e ele a usava naquele dia. Ao andar pelo Congresso na companhia de Poit e de Tiago Mitraud eu dizia a eles: "Que bom que vocês estão aqui, que realização ver isso acontecer." Ao longo do dia, observei cada um dos eleitos fazer o mesmo juramento que tantos recém-empossados haviam feito antes: "Prometo manter, defender e cumprir a Constituição, observar as leis, promover o bem geral do povo brasileiro, sustentar a união, a integridade e a independência do Brasil." Muitas vezes aquele juramento tinha sido pronunciado em vão, mas, de alguma maneira, eu sabia que para os ex-alunos do Renova aquelas palavras tinham um significado especial — e, sobretudo, eu sabia que era para valer.

Com a vitória dos egressos do Renova veio uma enorme responsabilidade. O dia seguinte, uma segunda-feira, acordei ainda feliz, porém já com um sentido de alerta. "E agora, o que a gente faz?", perguntei a mim mesmo. Qual é o próximo passo? O que poderíamos fazer para que os eleitos se mantivessem comprometidos com a "boa política", independentemente de suas visões de mundo? Como contribuir para que esses caras oferecessem o melhor de si às Casas Legislativas para as quais se elegeram? Eu sabia do rigor do processo seletivo do Renova, mas agora que a eleição era algo concreto todos pensávamos em como fazer mais.

Estava claro para mim que os dezessete eleitos precisavam de um plano de voo. Tive então a ideia de criar um programa de educação continuada para deputados eleitos em parceria com uma instituição de ensino bastante respeitada em São Paulo. Procurei Milton Seligman, que coordenava a escola de gestão pública do Insper, para pensarmos em fazer algo juntos. Fomos a Brasília ouvir parlamentares veteranos, gente que conhecia e apreciava nosso trabalho, sobre o que um recém-empossado deveria saber ao assumir seu mandato para não chegar completamente cru ao Congresso. Montamos um programa de cinco dias, divididos em dois módulos, e convidamos os egressos do Renova que haviam se elegido a participar. Abrimos mais quarenta vagas para outros novatos que se interessassem. Todas foram preenchidas e precisamos abrir novas vagas. Fechamos a turma com 56 recém-eleitos.

Pela primeira vez, um deputado ou senador iria para a sala de aula antes de assumir seu posto em Brasília. Era profundamente emblemático. Ver isso acontecer foi um momento muito feliz. Até então, nenhum daqueles eleitos tivera acesso às pessoas que convidamos para dar o curso, o que foi visto como algo de grande valor e garantiu o sucesso do programa. Oferecemos uma aula de direito constitucional — nossa contribuição para evitar que escrevessem leis inconstitucionais. Convidamos Nelson Jobim, jurista com passagem pela Câmara dos Deputados, pelo Ministério da Justiça e pelo Supremo Tribunal Federal, presidido por ele entre 2004 e 2006, para explicar o Regimento Interno do Congresso, de cuja redação havia participado. Chamamos a senadora Ana Amélia e seu chefe de gabinete para explicar como se organiza uma agenda. O pesquisador Ricardo Paes de Barros, um dos idealizadores do Bolsa Família, falou sobre programas sociais. Marcos Lisboa deu uma aula sobre agenda de reformas.

Depois de um ano de atuação entendíamos também que era fundamental organizar um encontro de prestação de contas com os apoiadores. Simultaneamente ao programa de formação no Insper realizamos um jantar em São Paulo para cerca de quinhentas pessoas. A ideia era apresentar as lideranças eleitas aos apoiadores e relatar como tínhamos usado o dinheiro que arrecadáramos. Acabou sendo uma noite memorável. Exibimos vídeos e convidamos para um bate-papo o ex-presidente Fernando Henrique Cardoso, Luciano Huck e Romeu Zema, do Novo, que acabara de se eleger governador de Minas Gerais. Fechamos o encontro anunciando os passos seguintes do Renova, entre eles o programa que havia começado naquele mesmo dia.

Além dos dezessete, havia ali cerca de 35 congressistas que iniciariam em 2019 o seu primeiro mandato federal e estavam fazendo o curso conosco. Em retrospecto, penso que todos os egressos do Renova deveriam ter falado, e essa foi a única mácula naquela ocasião histórica para nós. Na plateia estavam alguns dos indivíduos que mais tinham contribuído para o Renova desde sua criação, bem como outros que fizeram contribuições menores. Todos foram importantes. Uma de nossas marcas era acolher doações de quaisquer valores, e assim é até hoje. Ao final, fomos aplaudidos de pé.

A partir desse momento, um novo desafio nos era imposto, agora de outra natureza.

O primeiro curso do Renova, em 2018, tinha sido um marco, mas havia na época um objetivo imediato, que era uma grande eleição em poucos meses. Então, agora, nos perguntávamos: o que vai ser do Renova em ano não eleitoral? Sabíamos, naturalmente, que em 2020 haveria eleições municipais, quando concorreriam candidatos a prefeito e a vereador. Mas esse seria um pleito diferente daquele para o qual nos preparáramos do final de 2017 até meados de 2018. Como é que a gente faz? Como manter viva a rede construída até ali? A resposta saiu de um debate interno e, quando se revelou a nós, pensamos: como demoramos tanto a entender? Tínhamos que criar um Renova para as Cidades. Um Renova Cidades. Eu pensava no despreparo que havia encontrado nos eleitos para a Câmara e o Senado e imaginava: nos municípios o buraco deve ser bem maior.

De repente, tudo fez sentido: as cidades são o berço da política. A maioria dos cidadãos que deseja ingressar na política começa a vida pública em seu município de origem, candidatando-se à prefeitura ou à Câmara de Vereadores. Quanto mais eu ventilava a ideia, mais me convencia do seu acerto; falar de cidades era debater questões tangíveis, como plano diretor, uso do solo, educação infantil. As nossas cidades são um caos. Mesmo uma metrópole rica como São Paulo tem enchentes anuais — que, eventualmente, podem paralisar o município, conforme ocorreu nos temporais de fevereiro de 2020. Precisa mesmo ser assim? Por que nossas cidades têm problemas recorrentes tão graves?

Na primeira turma do Renova, falou-se de Brasil em debates que, em muitos momentos, podiam ser definidos como abstratos. Os alunos tiveram aulas sobre a eficiência do serviço público e os desafios da Previdência, o sistema de educação, o modelo tributário do país. Deslocando o foco para as cidades, esbarrávamos no concreto, no mundo real. Trataríamos dos cuidados na primeira infância, que é de responsabilidade dos municípios. Do modelo de atendimento de saúde de atenção primária, também ônus municipal. Das finanças dos municípios. Ninguém estava fazendo isso no país. Pois nós, do Renova, faríamos.

Minha primeira providência foi procurar a Comunitas, uma organização social com atuação forte nos municípios conjugando investimentos sociais privados e políticas públicas. Ocupávamos o mesmo endereço em São Paulo — até por convite de Regina Esteves, CEO da Comunitas e amiga — e, com o apoio deles, descobrimos várias cidades que poderiam compartilhar conosco casos práticos. Esses casos resultariam em modelos de estudo para o Renova Cidades que comporiam o nosso "currículo": o sistema educacional de Teresina, a rede de saúde de Pelotas (RS) e tantos outros. Como essas cidades resolveram equações desesperadoras? Eu queria que o cara da cidade pequenininha em algum rincão do país também tivesse acesso a esse conhecimento e pudesse se beneficiar dele.

Eu estava pilhado: tinha descoberto uma nova missão afinada com o nosso objetivo.

Na Comunitas, nossa missão é aproximar o cidadão da administração pública. Como todo cidadão se relaciona mais diretamente com o governo local, a cidade é o nosso lócus natural; é lá que temos mais capacidade de gerar impacto. Quando o Renova nos procurou dizendo que naquele momento se voltaria para as cidades, foi uma somatória automática. Contribuímos com dados, conteúdos e casos da nossa rede. Ao mesmo tempo, o Renova nos inspirou a ampliar nosso olhar para o plano nacional e acabamos por abrir uma plataforma de formação on-line, a Jornada para Futuros Prefeitos, que teve mais de 650 inscritos de todas as regiões do Brasil, estendendo-se entre agosto e setembro de 2020.

Atuação em rede é isto: você praticamente perde o controle do tanto que a sua iniciativa ecoa e se multiplica. Quando acontece, é sinal de que há uma rede vigorosa funcionando. Os "filhotes" do Renova, como a nossa Jornada, surgiram não por um planejamento estratégico nem pela ação, mas pelo conceito, todo pautado em rede, de formar candidatos e de esses candidatos conversarem entre si. O Renova já extrapolou o próprio Edu.

E, no entanto, é preciso destacar a decisão e a coragem dele ao empreender uma causa como o Renova. Era uma ideia relevante e necessária, que acolhi desde o primeiro instante participando das bancas que escolheram os primeiros alunos, cedendo meu escritório para que o Renova se instalasse, dando meu apoio sempre que podia. A gestão pública depende de políticos eleitos pela sociedade. De nada adianta trabalhar pela melhoria da administração pública se não tivermos políticos competentes, que se prepararam para exercer seus cargos de maneira mais eficaz, transparente, voltada para o bem-estar do cidadão, com metas mais ágeis. Temos que trabalhar nas duas pontas. Os alunos do Renova já assumem esse compromisso público, esse pacto com a sociedade, antes mesmo de se eleger. Ao aliar a necessidade de formação à chamada pela renovação, o Renova deixa um legado extraordinário e mostra, até mesmo para a iniciativa privada, que a mudança só virá de maneira mais efetiva quando estivermos trabalhando de maneira compartilhada, por interesses comuns.

REGINA ESTEVES é diretora-presidente da Comunitas

Havia muitos pontos positivos em desenhar um programa para as eleições municipais. O Renova teria uma oportunidade extraordinária de afastar a pecha de só atuar em época de eleição — só tínhamos um ano de vida, mas assim éramos vistos por muitos dos que nos conheciam. Além disso, poderíamos aumentar nossa abrangência, levando as ideias da escola de política para outros lugares do Brasil, um desafio grande: são 5.570 municípios nos 26 estados.

Abrimos inscrições on-line.

Em um mês e meio — de início de abril a meados de maio de 2019, recebemos 31.359 inscrições.

XVI. 1.400 PESSOAS BOAS

Durante alguns dias, a enormidade do que tinha acontecido nos deixou perplexos. Sabíamos que a visibilidade da primeira turma do Renova certamente atrairia um número maior de interessados, mas 31.359 pessoas era algo muito além das nossas melhores expectativas. Como fazer a seleção mais precisa? Planejamos uma "peneira" com três etapas realizadas por meio de questionários que os candidatos preenchiam on-line. Primeiro, havia uma prova de conhecimentos gerais. Os aprovados seguiam para a segunda fase, com questões para testar a fluidez de raciocínio e flagrar cortes de escolaridade. Na terceira fase, fazíamos o que chamamos de "teste de democracia": era fundamental que os novos alunos tivessem apreço pelo regime que, segundo o ex-primeiro-ministro britânico Winston Churchill, "é a pior forma de governo, salvo todas as demais formas que têm sido experimentadas de tempos em tempos". Esse teste nos permitia avaliar se o inscrito atuava nos extremos do espectro, com os riscos que essa postura poderia embutir. Os aprovados até essa etapa eram convidados a gravar um vídeo contando sua história e seus planos.

Quem avançou foi submetido a um escrutínio civil: barrávamos quem tivesse manchas jurídicas. Uma empresa especializada fez essa checagem e nos devolvia o nome de quem estava "limpo"; estes seguiam em frente no processo de seleção. Caso encontrássemos alguma ambiguidade, aprofundávamos a investigação. Vieram à tona, por exemplo, alguns casos de improbidade administrativa — pessoas que já haviam ocupado posições na administração pública (não em cargos eletivos) e tinham sofrido processos. O Renova não era para elas. Vários finalistas foram entrevistados por WhatsApp e por Skype.

Durante a etapa da seleção, houve uma troca de comando no Renova. Izabella Mattar, que vinha com o grupo desde a primeira hora, afastou-se. Eu era grato a ela pela organização da primeira turma e por ter me apoiado tanto até ali, porém o momento do Renova demandava uma mudança. Para o lugar dela, trouxe Irina Bullara, uma jovem administradora de empresas que eu conhecia desde os tempos da Tarpon — Irina trabalhava em outra empresa no mesmo andar e nos cruzávamos nas áreas comuns. Quando a Tarpon fez a aquisição da Abril Educação, ela foi uma das pessoas a ir para a companhia. Lá, não respondia diretamente a mim, mas nunca perdemos contato. Quando saí, Irina estava em um momento de grande evolução na carreira: tinha assumido o cargo de diretora executiva do Sistema de Ensino e do Curso Anglo. Estava grávida, teve seu primeiro filho e ainda permaneceu na empresa durante sete meses, para só então vir para o Renova. Com uma personalidade dinâmica e conciliadora, Irina pôs ordem na casa e assumiu o controle do avião no ar. Coube a ela ponderar sobre o que fazer em relação aos aprovados, que, apesar da bateria de testes, ainda eram muitos: cerca de 1.400. Apenas uma fração dos 31.359 iniciais, mas ainda assim parecia gente demais. Em uma de nossas reuniões, ela me disse: "Edu, temos 1.400 pessoas *boas*. Vamos embora!" Levei um susto.

Fechamos com 1.400.

Com tantos alunos, era financeiramente inviável, além de pouco produtivo, seguirmos com um curso presencial, como o primeiro. A ideia de conduzir o programa a distância, com aulas, atividades, monitores e trabalhos on-line já estava posta desde que constatamos a grande procura para a segunda turma. Tínhamos trazido para o time Renata Goldfarb, com muita experiência na migração de cursos presenciais para on-line com efetividade. Ela, junto com Erick Jacques, nos ajudou na estruturação da plataforma de ensino do Renova.

O fato de o curso não ser mais presencial despertou algum desapontamento entre os escolhidos. Talvez esperassem a repetição de algo na linha de "internato" de futuros candidatos, o que seria impossível naquela escala. O lado positivo é que tínhamos ampliado o impacto do Renova, mesmo sem a profundidade do programa anterior. Da mesma forma, eu sabia que não seria possível fazer com aqueles 1.400 aprovados o périplo realizado com os alunos da primeira turma que escolheram se candidatar.

Por outro lado, considero que acertamos muito mais a mão no conteúdo que produzimos para o on-line do que no curso presencial. Aprendemos bastante com os erros e acertos da primeira turma, cuja grade foi se construindo ao longo da jornada — não era incomum que, em algum momento, cismássemos que certo tema precisava ser tratado, então incluíamos uma aula com um profissional preparado para abordá-lo. Esse primeiro curso foi o que achávamos que tinha que ser, e montado quase a toque de caixa, às vezes com algum grau de aleatoriedade. Também observamos que, como as aulas aconteciam em São Paulo, muitos alunos de outros estados e outras cidades aproveitavam a oportunidade para marcar compromissos na capital paulista, o que resultava em um certo nível de dispersão em sala de aula — não contávamos com isso.

Vez ou outra, nós, da organização, também pisávamos na bola. Por exemplo: no primeiro Renova, fomos criticados quando trouxemos para o Brasil o professor e cientista político Michael Cornfield, da George Washington University (GWU), de Washington D.C., para um curso sobre gestão política e campanhas. O programa do Renova já ia perto do final, todos estavam cansados e as aulas seriam em inglês, que nem todos dominavam. Tínhamos feito um acordo com a universidade para trazer professores diversos ao Brasil, gente que estava acostumada a atuar na preparação de lideranças e de candidatos da realidade americana, uma democracia mais longeva que a nossa. Estávamos bastante animados, pois proporcionaríamos aos nossos alunos o que havia de mais sofisticado no mundo em escola de política, porém esquecemos de um detalhe: uma tradução simultânea com fluência na temática das aulas.

Resultado: desconexão da didática entre professores e alunos, dispersão em sala de aula e baixíssimo engajamento. Terminado o segundo dia, pouco mais de 20% dos alunos estavam em sala. Uma situação difícil, mas que trouxe uma ponderação importante para nós: sempre que pensarmos no curso, temos que refletir sobre quem estará recebendo a aula. Se não funcionar para eles, não servirá para o nosso currículo. Estaremos desperdiçando um ativo valioso: o tempo. No final, o programa com a GWU entregava pouco aos alunos e por isso resolvemos encurtar a relação. Saia justa com os americanos, mas respeitamos o que era fundamental: ensinar o que, de fato, traz valor.

Cometemos outros erros, mas não fico martelando o que poderia ter sido diferente. Fato é que, nessa primeira turma, tudo aconteceu tão rápido que nem tivemos muito tempo de errar.

Ainda sobre a segunda turma, alguns ficaram decepcionados pelo fato de não existir mais nenhum apoio financeiro por parte do Renova. Quando multiplicamos esse desenho por dez, naturalmente não era possível repetir o esquema anterior, mesmo com o prestígio que o Renova vinha ganhando e os apoiadores que tínhamos. Apesar disso, praticamente não tivemos desistências no grupo de 1.400 "pessoas boas", como bem tinha definido Irina.

No fim das contas, funcionou muito bem a migração para o on-line: graças à plataforma que criamos, conseguimos chegar a muito mais gente, com um custo unitário infinitamente mais baixo. Ajudou bastante o fato de termos criado um sistema de acompanhamento e de retenção eficaz, com monitores formados no primeiro curso que se provaram excelentes professores. A maioria dos alunos foi até o fim, com um engajamento incrível, superando todas as expectativas: formamos 1.170, num trabalho realizado pelo grupo com dedicação incansável, sob a liderança de Irina. Houve momentos presenciais marcantes. Fizemos seis encontros regionais — em Belo Horizonte, São Paulo, Rio de Janeiro, Recife, Brasília e Florianópolis — para aprofundar os estudos e fortalecer os vínculos entre os próprios estudantes. Para esses encontros, criamos um fundo de apoio que custeou as despesas de alunos em situação de vulnerabilidade social; era importante que todos estivessem presentes.

A etapa seguinte do Renova se desdobrou em duas frentes: os melhores alunos da classe anterior, 2019, voltaram aos nossos "bancos escolares" para cursos avançados de preparação para as prefeituras e vereanças. E um grupo 100% novo compôs um grupo extra, ainda de olho nas eleições municipais de 2020. Abrimos a chamada para a turma extra no início de 2020 e recebemos 13 mil inscrições. Selecionamos setecentos alunos e, destes, 650 se formaram. Na turma de 2019, nosso índice de formados ficou acima de 80%. Na de 2020, passou de 90%. São percentuais espetaculares e de referência para qualquer modalidade de ensino, ainda mais a distância, em qualquer lugar do mundo. Viramos referência em educação graças ao time do Renova, que montou aquele programa com tanto carinho. O certificado da nossa formação passou a ter um valor especial para aqueles que querem construir uma boa política.

Tanto a turma avançada quanto a extra fizeram os cursos on--line, com uma ou outra imersão presencial até fevereiro de 2020, no caso do grupo avançado. A partir de março, com a pandemia de covid-19 varrendo o país, tudo passou a acontecer remotamente, de modo que a classe extra de 2020, diferentemente das anteriores, só teve contato virtual com o time do Renova. O contato físico é importante para o nosso trabalho, mas, mesmo de longe, as exigências se mantiveram altas. Todos precisaram, por exemplo, fazer a atividade que chamamos de "Renovar o Brasil" e que consistia em interferir de maneira positiva em algum aspecto da vida de suas cidades. Nessa turma, melhoramos nossos percentuais em representatividade de gênero e raça e aprimoramos o acompanhamento dos alunos. Envolvemos muitos ex-alunos no processo, como monitores — caso de Alisson Julio, da primeira turma do Renova, recentemente eleito vereador em Joinville (SC) pelo Novo com 9.574 votos, o mais votado da cidade. Daí a altíssima taxa de conclusão.

A formação on-line talvez seja o melhor modelo de curso, por respeitar o momento de vida de cada aluno e permitir que ele estude no seu tempo, ampliando a oferta de oportunidades. A cada ano, exercitamos nossa capacidade de aprender rápido e de aplicar o que aprendemos. Eu continuava otimista e acreditando cada dia mais na premissa do Renova: se ele der certo, muda a cara da política brasileira. No Renova Cidades, tivemos muitos alunos de cidades pequenas, com até 10 mil habitantes; mesmo que nem todos optassem por se candidatar, estávamos finalmente fortalecendo a capilaridade tão crucial para renovar a política.

Em meados de 2020, havíamos formado 1.820 alunos. O Renova, como dizia o deputado estadual e ex-aluno Renan Ferreirinha, se consolidava como "um selo de qualidade na política".

A licença-maternidade do meu primeiro filho coincidiu com o período eleitoral de 2018. Em casa, cuidando do bebê, eu me interessei profundamente pelos partidos e seus projetos de governo. Alguns desses projetos não passavam de PowerPoints malfeitos, enquanto outros eram densos como teses de doutorado. A política já estava na minha cabeça quando veio a proposta de migrar para o Renova.

Nunca me filiei a partidos, não gosto de discussões políticas acirradas, acho que todo mundo tem direito à própria opinião. Mas a ideia de trabalhar em um movimento que pregava a transformação política me pareceu perfeita naquele momento. Estou convencida de que a única maneira de diminuir a desigualdade no Brasil, de verdade, é pela política. Encarei a oportunidade de me juntar ao Renova como um mestrado em política e em políticas públicas recheado de propósito, pedi demissão na Abril, àquela altura já rebatizada de Somos Educação, e fui.

Uma transição de liderança é sempre um momento complexo, claro. Para mim, o importante é sempre acolher as pessoas e dar visibilidade de futuro e continuidade, olhando para cada uma delas como indivíduos que são. Achei que a melhor forma de acalmar o coração dos membros da equipe seria por meio da transparência, por isso coloquei o Edu no centro de uma roda, disponível para que todos pudessem perguntar o que quisessem, sem censura. Edu foi quem ele é, honesto e lúcido. Recomeçamos do zero, como time que troca de técnico. Imprimi meu modo de gestão, que, ao mesmo tempo que acolhe, é muito propositiva para resultados.

Quando cheguei, o debate sobre que Renova deveríamos ser agora, fora de ano eleitoral, já estava concluído e a decisão de fazer um programa para as cidades estava tomada. Também já sabíamos que o curso dessa vez seria por meio de EaD — educação a distância. A grade horária estava pronta e o processo seletivo, a todo vapor. Assumi a gestão das gravações, que não tinham começado ainda, fizemos um ou outro ajuste na grade e colocamos energia para fazer acontecer.

Quando decidimos oferecer o curso para 1.400 pessoas, minha maior preocupação era chegar ao final de 2019 com apenas cem formados — ou *qualquer outro número pouco expressivo. A fim de evitar surpresas ruins, montamos uma estrutura de acompanhamento para garantir que todos vissem as aulas e criamos um painel semanal. Fizemos também seis encontros presenciais — em São Paulo, Brasília, Florianópolis, Recife, Belo Horizonte e no Rio de Janeiro —, o que permitia que os alunos confraternizassem e trocassem ideias dentro de seus contextos regionais. Nesses encontros eles podiam desfrutar, além das aulas, de música e poesia locais, pois a mudança não vem só pela razão, mas a partir do coração. No fim, formaram-se 1.170 dos 1.400 iniciais, um número impressionante.*

Cada vez mais, era assim que o Renova se definia: como uma escola. Logo que assumi a gestão, identifiquei três fragilidades na marca e, com apoio forte do time e do próprio Edu, tratei de endereçá-las. A primeira era justamente esta: o que somos. Durante muito tempo imprensa, patrocinadores, voluntários — todo mundo se referia ao Renova como um movimento, um partido; até mesmo como um partido clandestino. Batemos o martelo: queríamos ser identificados como uma escola. Como fazemos isso?, nos perguntamos. A resposta era: repetindo à exaustão. Se afirmarmos mil vezes, uma hora alguém vai dizer espontaneamente. Teremos fincado a nossa bandeira.

A segunda fragilidade dizia respeito à representatividade do Renova. Redobramos a atenção para formar um grupo heterogêneo; ao final, reunimos alunos de 445 cidades de todas as regiões brasileiras. Tivemos filiados a trinta partidos e 41% de não filiados — algo natural, já que o propósito era atrair gente nova para a política. Dos 1.400, 433 eram mulheres, um crescimento marcante em relação à primeira turma.

A terceira fragilidade tinha a ver com o crescimento desordenado. Na segunda edição do curso, com 1.400 alunos, deveríamos ter um controle absoluto do processo para não ficarmos reféns de narrativas pessoais, não institucionais. Ao apontar esse ponto fraco, eu sabia do que estava falando: afinal, vinha do Anglo, uma marca que, enquanto estive na Somos, sofria os desgastes do crescimento desorganizado.

O Renova mudou a minha relação com a política. Em novembro de 2019, passei uma semana na Assembleia Legislativa do Estado do Rio de

*Janeiro, a Alerj, acompanhando o cotidiano do deputado Renan Ferreiri-
nha, aluno da primeira turma do Renova. Eu achava que só observando
de perto a vida de um político eu poderia compreender o olhar dele. Eu
disse ao Renan para fazer de conta que eu não estava lá e acompanhei-o
em votações, reunião de equipe, reunião de pauta. Foi uma experiência
espetacular. Entendi que essas pessoas estão entrando numa empreitada
dura demais. Minha admiração por elas só cresceu. Pense se recentemente você ouviu alguma notícia boa de político. Não, né? Os políticos até
têm um salário bom em meio à desigualdade de renda do Brasil, mas trabalham muito, estão na vitrine, apanham, dificilmente são reconhecidos
pela efetividade de suas ações. Você se candidataria nesse contexto? Cada
novo político que passou pelo Renova abriu uma janela do mundo para
mim, como se fosse um livro fascinante.*

IRINA BULLARA é diretora executiva do Renova

Com o Renova Cidades rodando bem, decidi dedicar parte do
meu tempo a um novo empreendimento que eu vinha arquitetan-
do, e que guardava afinidades com muitos dos meus movimentos
profissionais anteriores.

No final de 2019, depois de mais de dois anos integralmen-
te dedicados ao Renova, e dando uma contribuição muito efetiva para que essa iniciativa se consolidasse, criei a GK Ventures.
A GK, iniciais de Good Karma,* amarra as minhas experiências
como empreendedor, gestor e investidor a serviço de causas ou
missões que contribuam para solucionar os grandes problemas
brasileiros. Sabemos que os governos têm fôlego financeiro curto
e que o capital que empresas e pessoas devotam à filantropia é
limitado. A solução para os nossos problemas virá de inovação, da

---

* Karma, ou carma, é um termo religioso bastante usado em algumas doutrinas,
como o budismo e o xintoísmo, para indicar que ações do presente geram consequências no futuro.

criação de oportunidades. Na GK juntei gente talentosa, recursos e experiência para desenvolver ou apoiar soluções inovadoras que ajudassem a resolver algumas das principais dores do país.

O caminho que me levou à GK me parece em harmonia com a trajetória que cumpri até agora. Com a experiência do Renova, consegui definir bem o meu propósito e o significado do trabalho na minha vida. Minha felicidade e realização dependem das escolhas que faço e de como me envolverei com elas. Ou seja, depois do que eu tinha passado, a vida deveria seguir conectada a missões transformadoras. Na GK encontrei esse equilíbrio. Só pude ocupar esse lugar porque, com Irina à frente, o Renova tem hoje, enquanto escrevo, uma equipe azeitada e competente, que me permite assumir novas atribuições.

Gosto muito de um modelo de condução de empreendimentos baseado no estímulo às mudanças; não me sinto compelido, necessariamente, a assumir autorias no médio prazo. Tento ser alguém que dá vida a projetos, mas não se apega a eles, entregando cada vez mais o protagonismo a outros, com confiança e tranquilidade. Se a minha melhor competência é a de indutor, de catalisador de mudanças e processos, limitar minha atuação a um campo apenas me parece um cobertor curto. O país precisa de grandes transformações, e quero pensar que, como tantas pessoas, posso fazer mais.

O Brasil é um campo riquíssimo para quem gosta de resolver problemas, e a GK aposta em soluções inovadoras. Ainda hoje, olhando ao meu redor, vejo que muitas das empresas que foram disruptivas, sobretudo nos setores de finanças e tecnologia, o fizeram sob a gestão de estrangeiros. Tenho uma explicação para isso: a existência de um certo conformismo entre nós, brasileiros. Mas acredito que estamos num momento de virada. Aos poucos, começamos a olhar para todas aquelas situações que não deveriam ser desafios: o que fazer diante da carência absurda de saneamento básico? Do modelo de educação que perpetua desigualdades?

Dos políticos que trabalham em proveito próprio? Estamos em movimento, e a GK, bem como o Renova, é reflexo de uma nova postura diante de problemas ancestrais do país. A inovação, a criatividade e a geração de oportunidades são saídas para desafiar situações malparadas. Justamente porque temos tantos pontos de melhora, tenho fé em que o Brasil ainda será o maior centro de investimentos de impacto do mundo. A GK está nessa corrente.

XVII. Laços políticos

O segundo turno das eleições de 2018 definiu um cenário político que parecia apontar para uma renovação real.

Após quase 14 anos, em 2016 o Partido dos Trabalhadores deixou o poder. Com o *impeachment* de Dilma Rousseff, o então vice-presidente, Michel Temer, assumiu o governo. As eleições de 2018 foram polarizadas entre o PT e o candidato da direita, que saiu vitorioso. O novo presidente da República, Jair Bolsonaro, filiado à época ao Partido Social Liberal, PSL, chegava ao Palácio do Planalto com um discurso liberal na economia. Para comandar o Ministério da Economia, ele havia indicado Paulo Guedes, a quem eu conhecia e em quem confiava havia muitos anos.

Em julho de 2019, com o Renova ganhando cada vez mais visibilidade social e o programa Renova Cidades rodando, fui convidado para ser o entrevistado do *Roda Viva*, tradicional programa da TV Cultura de São Paulo. Diferentemente das primeiras entrevistas, com o tempo aprendi a me manter sereno nessas ocasiões.

Além disso, já tinha respondido inúmeras vezes às perguntas que os jornalistas da bancada me faziam. Até que um deles me perguntou diretamente em quem eu havia votado nas eleições anteriores. Para os cargos legislativos, meu voto foi para candidatos do Renova, e expliquei que seria deselegante declinar o nome dos meus escolhidos. Para presidente, porém, respondi com tranquilidade: "No primeiro turno, em João Amoêdo. No segundo, em Jair Bolsonaro." Ao final do programa, os jornalistas se mostraram surpresos com a própria revelação do voto.

Àquela altura, o governo já havia tomado algumas medidas das quais eu discordava. Isso não impediu que eu fosse muito cobrado por meu voto em Bolsonaro. Ora, no momento das eleições considerei que não havia escolha: o Brasil precisava de um governo fiscalmente responsável, e eu estava certo de que Paulo Guedes, que estava montando um time bom e tinha a cabeça no lugar, endereçaria esse ponto. No segundo mandato de Dilma Rousseff vi o país na UTI, com o sistema imunológico debilitado. Vínhamos de uma década de contração do PIB, um dado cruel, especialmente com a população mais pobre. Minha avaliação era que só um governo com credibilidade conseguiria apontar para uma recuperação.

Os economistas da esquerda me soavam pouco comprometidos com os ajustes que o país precisava fazer para voltar a crescer: a começar com uma reflexão profunda sobre o papel do Estado e medidas eficazes para baixar os juros, estimular o acesso a crédito, ampliar investimentos e deixar para trás a cultura do rentismo. Mas isso não aconteceria sem uma política fiscal de extrema disciplina. Não via outro caminho para o Brasil. Uma vitória da esquerda traria um risco intolerável de novas "pedaladas fiscais", sem falar na grande probabilidade de juros subindo, fuga de dólares, pressão inflacionária e fragilidade crescente. Não dava para votar no PT. O partido de Lula tinha quebrado o país. Nesse cenário, votei em Jair Bolsonaro.

No espectro político, me considero um cara de centro-direita em algumas pautas e de centro-esquerda em outras. De certa forma, sou um "radical de centro". Mesmo me definindo como um liberal nos costumes, isso não impediria meu voto em Bolsonaro. Não o conhecia pessoalmente nem aos filhos: meu voto de confiança, como de tantos empresários e empreendedores, foi dado a Paulo Guedes, que, na fase de composição do novo governo, chegou a sugerir que eu me juntasse aos esforços para reerguer o país. Guedes cogitou meu nome para diferentes setores do governo, entre eles a área da Educação, mas as conversas não avançaram.

Oficialmente, justifiquei meu distanciamento alegando a necessidade de preservar o Renova, que certamente seria alvo se eu, como face pública da escola, me alinhasse ao governo. Mas havia outro fator: eu não conhecia os caras no poder. Não conhecia a cadeia de comando e, à medida que novas informações chegavam a mim, achava melhor nem conhecer. Já se falava da influência dos filhos do presidente eleito, para citar um só motivo. Hoje, depois dos inúmeros tiros no pé, dos ataques à imprensa, das brigas desnecessárias com outros países, dos equívocos na política ambiental e do descuido profundo com a nossa imagem no exterior, fico aliviado por não ter aderido ao governo Bolsonaro. Meu voto jamais significou passar a mão na cabeça de ninguém, acontecesse o que acontecesse.

Acho que sou um bom interlocutor do Edu quando se trata de refletir estrategicamente sobre o próximo movimento de vida e de carreira. Consigo pensar em dois momentos em que isso foi crucial. O primeiro, lá atrás, foi quando ele ponderou sobre suspender grande parte de suas atividades habituais para se dedicar ao Renova. Vivemos um tempo no qual há algum consenso de que se meter em política no Brasil é o fim da picada. A pessoa vai se desgastar, se perder; no caso do Edu, significava parar de fazer aquilo que ele sempre fez tão bem para tentar um sonho de uma noite de verão que provavelmente não daria em nada. Ser um investidor ou um executivo bem-sucedido confere autoridade. Já se dedicar à coisa pública levanta questões do tipo: "O que será que ele está querendo?" Fica no ar a ideia de uma motivação eventualmente ilícita, pouco transparente — não fosse assim, aquela pessoa estaria na iniciativa privada, ganhando dinheiro e fazendo o que as pessoas bem-sucedidas fazem.

Esse dilema foi fácil, pois, na cabeça dele, provavelmente já estava resolvido. Um dia, quando falamos sobre isso, perguntei se conseguiria tocar a vida caso decidisse abandonar o projeto que, meses depois, viria a ser o Renova. Se conseguiria simplesmente esquecer o assunto ou se ficaria perseguindo-o indefinidamente. Edu parou e respondeu: "Isso não sai da minha cabeça há muito tempo."

A escolha estava feita. O Renova foi um grande sucesso e Edu passou a ser visto como o visionário que é. Mais que isso: como um visionário que executa suas visões, o que é um patrimônio inestimável, ainda mais no Brasil de hoje.

O segundo momento estratégico foi quando ele foi sondado, a sério, para fazer parte do governo Bolsonaro. Ainda que essa sondagem jamais tenha se traduzido num convite formal, havia uma expectativa de que Edu se manifestaria a favor de ir, e então haveria um cargo para ele. Como é movido pela vontade de participar e de fazer a diferença, ele se viu tentado. Na época, Jair Bolsonaro estava para tomar posse e, uma vez eleito, o melhor a fazer era esperar dele um bom governo. Esse dilema foi mais penoso. À medida que as conversas avançavam e o governo ia se estruturando, começaram a surgir sinais de que Edu não teria espaço para fazer as coisas do jeito que acreditava. Não participar da gestão Bolsonaro, portanto, foi uma decisão estratégica muito importante. Hoje em dia eu não tenho dúvidas de que teria sido um grande erro e cobraria um preço alto na trajetória dele.

O Edu parece estar sempre se perguntando: "Qual é o desafio de agora? Qual é o problema à altura daquilo que sou capaz de fazer? Qual é o máximo de impacto que consigo provocar?" É a busca permanente de alguém que sabe que a vida é infinitamente complicada e que, à medida que a gente avança, as coisas só ficam mais complicadas ainda — jamais simples.

VICTOR STIRNIMANN é psicanalista e amigo

Paulo Guedes entendeu minha posição em relação a participar do governo e não avançamos. Tínhamos construído uma relação de grande respeito desde que nos conhecemos, em 2014, logo que a Tarpon realizou seu primeiro investimento na Abril Educação. Guedes era um acionista importante, além de membro do conselho. O fato de eu não fazer parte da estrutura deste ou daquele governo não interfere em nada na minha disponibilidade de ajudar. Meu impulso natural é sempre o de cooperar; não consigo — nunca consegui — jogar contra. Porque — mesmo que isso possa soar piegas, e a frase esteja meio desgastada — acima de tudo sou brasileiro.

Eu já pensava assim no início de 2014, quando Lula era um ex-presidente em campanha pela reeleição daquela que tinha sido sua "gerentona", Dilma Rousseff. Em março daquele ano, Abilio Diniz me convidou para um evento pré-eleitoral organizado pelo Bank of America Merrill Lynch em um hotel de luxo em São Paulo. "Você precisa ouvir o Lula", me disse ele. Era um almoço, e o ex-presidente e eu nos sentamos na mesma mesa. Falei pouco, mais ouvi. Lula passou o almoço inteiro justificando algumas condutas do primeiro governo de Dilma — sua postura fechada, a dificuldade em ouvir outros segmentos da sociedade, sua resistência às reformas — e assegurando ao grupo que, no segundo mandato, se reeleita, ela mudaria (ele estava errado, e penso que até hoje ele deve se culpar por ter "feito" Dilma presidente). Foi meu primeiro e único encontro com Lula, e saí dele com sentimentos ambíguos.

Quando eu era criança, lembro-me de acompanhar minha mãe, professora da rede pública, a alguns comícios do Partido dos Trabalhadores, de modo que, para mim, o PT não era algo distante. Pelo contrário, estava do lado do "povo" e, durante muito tempo, ofereceu respostas a problemas crônicos da sociedade brasileira, como a desigualdade e a pobreza. Houve um eco social importante. Em alguma eleição no passado, votei em Eduardo

Suplicy, um político-símbolo do PT, para o Senado por São Paulo. Àquela altura, porém, em 2014, o partido tinha virado outra coisa.

Possivelmente Lula foi o presidente que teve a maior oportunidade de apontar o Brasil para a direção certa. Beneficiou-se de um período extraordinário da economia internacional e tomou medidas competentes de combate à pobreza, ampliando a fatia de brasileiros com acesso a alimentos e bens de consumo como nunca até então. Mesmo assim, como muitos que o antecederam, acabou fracassando por ceder às más práticas e ao personalismo.

Eu escutava Lula atentamente, sem raiva. Entendia que o papel dele, ali, era defender um projeto político no qual acreditava. A Operação Lava-Jato, que viria a desvendar esquemas de corrupção que favoreceram imensamente o Partido dos Trabalhadores à custa do desmantelamento de empresas como a Petrobras, estava começando a engatinhar. Ainda não se tinha ideia do tamanho da onda que viria, de modo que Lula, naquele almoço, até encontrou boa acolhida. E, no final do dia, Dilma foi reeleita, mesmo que por uma diferença pequena de votos em relação ao adversário, em uma eleição duríssima e muito suja.

Se eu tivesse que indicar o evento que desaguou na polarização do Brasil atual, responderia sem hesitar: a eleição de 2014. Foi ali, no embate duríssimo entre Dilma, Aécio Neves e Marina Silva — que concorria como vice, mas se tornou cabeça de chapa após a morte de Eduardo Campos em um acidente de avião —, que começou a nascer o país dividido que emergiu das urnas de 2018. Aquela eleição marcou o início de um "novo normal" na política brasileira.

No primeiro mandato de Dilma, cheguei a me reunir com o então ministro dos Esportes, Aldo Rebelo, ligado ao PCdoB, para discutir políticas para o esporte brasileiro, dada a minha experiência com o rugby. Como eu já disse, meu estado de espírito sempre foi o de colaborar com o Brasil, independentemente do partido que estivesse no poder. Fazer parte de um governo já era outra história.

XVIII. LULA LIVRE E LUCIANO

A primeira turma do Renova Cidades chegou ao fim com enorme sucesso. Quase todos os 1.170 formandos estavam reunidos na Sala São Paulo, um espaço de concertos no centro da capital paulista, na região da Praça Júlio Prestes, para a cerimônia de formatura. O evento, marcado para a noite de 7 de dezembro de 2019, seria o maior até então do Renova. Esperávamos lotar os quase 1.500 lugares — e lotamos.

Nosso programa de auxílio a alunos em situação de vulnerabilidade socioeconômica custeou as passagens de quem vinha de longe. Alguns tinham voado de avião pela primeira vez para estar na formatura. Os próprios alunos se cotizaram para arrecadar dinheiro e bancar estada, transporte e alimentação dos colegas que dispunham de menos recursos. No coquetel que antecedeu a cerimônia, muitos me procuravam, felizes pela oportunidade.

Gabriel Azevedo, que havia se tornado professor do Renova, dava entrevistas entusiasmadas. "Muitos vieram me abraçar e dizer que o Renova mudou a vida deles. Serão candidatos mais preparados, mais qualificados, e isso muda a vida das cidades", dizia. "Pessoas comuns realizando feitos extraordinários."

No Brasil, ninguém nos prepara para a política, e acho que um dos nossos problemas é justamente esse. Tem boas pessoas querendo ingressar na política, mas, até o Renova, praticamente não havia formas de preparar essa gente. Muitos perderam a motivação e o Brasil certamente deixou escapar bons quadros.

O próprio Renova enfrentou grandes desafios. Logo após o lançamento, no Google Campus, tivemos uma reunião naquela que já era a sede, na rua Pamplona, em São Paulo. Eu já era vereador em Belo Horizonte e, àquela altura, tinha alguma experiência no manejo da política. Quando chegou a minha vez de falar, perguntei, simplesmente: "Alguém nesta sala já se candidatou?" Ninguém se manifestou. "Alguém nesta sala já coordenou ou fez alguma campanha política?"

Ainda silêncio. Lembro que falei longamente sobre como não se faz projeto político sem políticos. Não adiantaria pensar no Renova como uma gerência ou uma startup. O que estávamos fazendo ali era política, e política é a coisa mais próxima de magia que conheço. "Temos que identificar as pessoas e prepará-las dentro das disciplinas da magia", falei. "E só conseguiremos ensinar o que sabemos." Creio que foi a partir daí que partimos na busca de um time de especialistas na área, e a nós se juntaram gente como Pedro Simões, que trabalhou como redator em campanhas políticas, Arilton Ribeiro, que foi assessor de prefeito, entre tantos outros.

Como professor do Renova, sou muito preocupado em fazer os alunos aprenderem o contexto em que estão se metendo. Não é só mais um passo na vida: eles estão entrando na construção de uma história política que é longa e desconhecida para a maioria dos brasileiros. Que teve Juscelino,

Jango e golpe, os anos duros da ditadura, as Diretas Já, Tancredo, Constituinte, eleição e impeachment *de Fernando Collor, Itamar Franco, Fernando Henrique, Lula, Dilma, Temer.*

Acho que a classe política tomou um susto com a eleição de 2018: havia uma certa descrença em relação aos resultados do Renova e, no entanto, dezessete dos nossos alunos se elegeram. Lideranças como Tabata Amaral, Renan Ferreirinha, Vinicius Poit e Felipe Rigoni inspiraram outros brasileiros que se identificam com esse time e passaram a buscar a certificação da escola de política.

O atual momento político (meados de 2020, enquanto este livro está sendo preparado) vem deixando cada vez mais claro quanto o uso incorreto do cargo público pode trazer consequências que somos incapazes de imaginar. Política é coisa séria e é preciso ter preparo para exercer funções públicas. O Renova é uma ferramenta para isso e tem uma grande contribuição para que as pessoas entendam a importância do diálogo, da conversa. Mas não é um fim em si mesmo. Uma escola que se quer positiva, que se quer útil, nunca alimentará o amor por si própria, mas por aquilo que gera. Uma única circunstância seria fatal para o Renova: não haver gente querendo entrar. Mas não vejo esse risco. Nesses dois anos, muito pela capacidade e pelo engenho do Eduardo Mufarej, o Renova construiu uma coisa que em política não tem preço: credibilidade.

GABRIEL AZEVEDO é vereador em Belo Horizonte
e professor do Renova

A formatura foi organizada cuidadosamente ao longo de meses. Houve um concerto da Orquestra Bacarelli, criada há quase um quarto de século na comunidade de Heliópolis, na Zona Sul de São Paulo. Houve depoimentos de alunos e de apoiadores e falas altamente motivadoras de Tabata Amaral e Vinicius Poit. Houve entrega de prêmios. Uma das "lições de casa" do Renova Cidades era o projeto Renovar o Brasil. Graças a essa iniciativa aconteceram mais de mil ações de reformas em escolas e creches, revitalização de praças e parques e muito mais; cinco delas foram premiadas — uma por região.

Foi um evento com uma enorme carga emocional. Ouvi inúmeras histórias de superação que não conhecia — diferentemente da primeira classe do Renova, ali eram muitos alunos e nem sempre pude me enfronhar nas jornadas individuais. Se eu ainda precisasse de alguma confirmação da validade e da importância do Renova, aquela noite teria acalmado minhas incertezas.

No encerramento da formatura tivemos uma situação que provocou controvérsia. Um grupo de alunos, posando para fotos diante do painel com a logomarca do Renova, fez o gesto que significava "Lula Livre". Outros usaram máscaras com a imagem do ex-presidente Lula, que, naquele momento, seguia preso na carceragem da Polícia Federal em Curitiba, enfrentando acusações de corrupção, lavagem de dinheiro e recebimento de propina. Foi uma tremenda saia justa, com enorme repercussão nas mídias e nas redes sociais.

Nos dias seguintes à formatura da segunda turma, esperávamos — o time do Renova e eu — celebrar o grande encontro que tínhamos realizado na Sala São Paulo e seu imenso simbolismo para a política brasileira. Pela primeira vez, um grupo de pessoas comuns, das mais diversas origens e dos mais distintos matizes ideológicos, se submetera a uma rigorosa seleção, recebera qualificação e preparava-se para voltar às suas cidades, mais de quatrocentos municípios de todos os estados brasileiros. Lá, elas se colocariam à disposição da população com bem mais do que boas intenções: tinham adquirido conhecimentos e se inteirado de evidências para fazer a melhor política pública possível.

Alguns dias depois, o jornal *Folha de S.Paulo* noticiou que naquela noite houve coros de "Lula Livre" e de "Quem matou Marielle?". Não é verdade: o jornal não mandou repórter para cobrir a formatura e a notícia era inexata. O que houve, isso sim, foi um punhado de alunos usando máscaras do ex-presidente Lula. Então, em vez de festejar e tomar fôlego para as empreitadas seguintes do Renova, lá estávamos nós respondendo a uma saraivada de críticas que vinham de todos os lados: Ah, então o Renova é de esquerda?, nos diziam, alguns mal escondendo a satisfação de "flagrar", enfim, o suposto posicionamento político da escola. Apoiadores nos cobravam uma atitude. Alunos de esquerda, de centro e de direita se sentiam insultados. Não foi a repercussão que desejávamos e, claro, a manifestação de alguns de nossos alunos naquela noite não era o que se podia esperar de um grupo de futuros gestores públicos — não pelo partidarismo, e sim pela despreocupação com as consequências de seus atos.

Ao mesmo tempo, o evento pós-formatura na Sala São Paulo nos deu uma nova oportunidade de esclarecer à sociedade quem somos. Numa rede social, ainda sob o impacto do que tinha acontecido, escrevi: "O RenovaBR é uma escola de democracia. E ser democrata significa respeitar DE VERDADE as diferenças. Nossa missão é ensinar, não importando as ideologias de nossos alunos. Nós somos independentes. Eles têm o direito de carregar as bandeiras em que acreditam." Lembrei que o Renova tem, e seguiria tendo, alunos governistas e de oposição; liberais, conservadores, socialistas; católicos, evangélicos e ateus; ruralistas e ambientalistas. Pretos, brancos, amarelos, pardos, indígenas. Reiterei que o trabalho do Renova era preparar candidatos de todos os pontos do espectro político, para que todos os eleitores tivessem opções de alto nível na hora de votar.

Deu trabalho contornar essa crise. Sou e serei sempre um defensor da liberdade de expressão, mas, naquela situação, era óbvio que a conduta daquele pequeno grupo traria constrangimentos aos colegas e, ao posar diante de um painel com o nome da escola, ao próprio Renova. No entanto, quero crer que usamos cada oportunidade depois dessa crise para consolidar o conceito e os objetivos do Renova. É natural que, no contexto da política brasileira até 2018, parecesse quase exótica uma formação oferecida sem contrapartidas. O pioneirismo do que estamos fazendo causa estranhamento e sempre há gente tentando nos atacar, nos atribuir o que não somos, não queremos e repudiamos.

Inúmeras vezes li, por exemplo, que o Renova "é do Luciano Huck", como se a escola tivesse um dono. E um dono que, em 2018, parecia flertar com a política, num movimento que ainda encontrava eco em 2020, enquanto eu escrevia este livro. Quando Luciano e eu nos aproximamos, nos primórdios do Renova, a ideia de ele ser candidato a algum cargo público não passava nem perto. Tivemos conversas longas e produtivas sobre a importância de se renovar a política. Luciano foi um dos primeiros entusiastas, lá atrás, do Fundo Cívico. Achávamos, os dois, que era importante a nossa geração ocupar espaços na vida pública. De minha parte, acolhi muito bem sua chegada ao projeto como um apoio institucional relevante e sou muito grato a ele.

Lembro-me bem da nossa primeira conversa. Claudio Szajman, que já vinha acompanhando minhas inquietações com a política brasileira, nos apresentou, e nos reunimos pela primeira vez no final de 2016. Logo me senti à vontade para expor o que vinha me atormentando: que a política brasileira, do jeito que estava, acabaria por afundar o país; que o sistema eleitoral precisava de reformas urgentes; e que nós, a sociedade civil organizada, tínhamos que ser os proponentes de um novo sistema. Luciano concordava com tudo. Nossas afinidades ficaram evidentes de forma imediata.

Três meses depois nos encontramos novamente. Eu já tinha algumas ideias mais claras. Disse a ele: "Cara, estou pensando em uma forma de ajudar gente boa a participar da política." Luciano respondeu: "Genial. Se fizer isso, pode contar comigo." De fato, eu pude. Dono de uma personalidade magnética, com cerca de 20 milhões de seguidores em uma única rede social e apresentador de um programa de televisão muito querido pelo público, Luciano trouxe um endosso bem-vindo e visibilidade ao que, no início, era apenas uma proposta esboçada num PowerPoint.

Logo que o Renova tomou forma, Luciano aceitou integrar o conselho consultivo e sempre trouxe contribuições pertinentes. Prestigia os nossos eventos e nos apoia de todas as maneiras. Não esteve na aula final da primeira classe, na Praça dos Três Poderes, mas foi à formatura do Renova Cidades. Na Sala São Paulo, distribuiu cumprimentos e aplaudiu os 1.170 formandos, mas se absteve de fazer discurso para não desviar a atenção do que realmente precisava de atenção: a trajetória vitoriosa dos nossos alunos. Sempre que surge uma oportunidade, fala do nosso trabalho e da importância de ter gente nova e qualificada na política.

Acho que fui dragado para o debate público e político no Brasil sem ter levantado a mão. Talvez isso tenha acontecido por causa do derretimento da classe política, da falta de renovação, da política partidária no país, do blackout de lideranças. Quando esse debate começou a chegar perto de mim, eu tinha dois caminhos: fingir que não era comigo e seguir protegido atrás dos muros dos Estúdios Globo, onde estou há vinte anos, ou tentar entender por que isso aconteceu e encontrar uma forma de contribuir. Fui na segunda alternativa.

Sou um bom ouvinte e comecei a conversar com interlocutores próximos sobre a necessária renovação política e sobre qual seria o meu papel na eleição de 2018. Foi nesse contexto que conheci o Eduardo. Nossa primeira conversa foi excelente. Deixou em mim a impressão de estar diante de um cara muito assertivo, muito coerente nos seus raciocínios e com uma vocação pública latente — alguém que queria contribuir de maneira clara para a renovação política brasileira. Eu não seria candidato naquele momento, mas tinha a convicção de que a gente precisava atuar nas eleições de alguma forma importante.

Nos últimos vinte anos rodei o país. Estive em todos os cantos, entrei na casa das pessoas para ouvir suas histórias, seus sonhos, suas angústias. Essa vivência no dia a dia das ruas fez de mim uma pessoa melhor, um cidadão melhor, um filho melhor, um pai melhor, um esposo melhor. Ao mesmo tempo, ficou claro que meu maior incômodo era com a desigualdade. Ninguém precisou me contar sobre ela: eu vi. Por mais que tenhamos filantropos e um terceiro setor atuante, só quem possui de fato o poder transformador para mexer na desigualdade no Brasil, de maneira exponencial, é o Estado. O Estado é gerido pela política, que é gerida pelos políticos. A conclusão óbvia é que a gente precisa de políticos não só competentes, engajados e resilientes, mas também com o sarrafo da ética no lugar certo, na altura certa.

E então o Renova começa a se materializar, a virar um projeto.

Passei a apoiar o Edu, assim como muita gente que ia se juntando ao Renova, e a usar a força das minhas redes sociais para fazer uma convocação geracional: "Seja o político em quem você quer votar." Foram mais de 4 mil inscrições no primeiro chamamento público que a gente fez. Precisamos incentivar as pessoas a se aproximar da política, a servir. Hoje, um menino que diz para a família que quer ser vereador ouve: "Você virou ladrão, quer ser político!" Enquanto isso estiver acontecendo no Brasil, a gente não vai construir uma classe política que nos represente de verdade.

Aí tem o bem e o mal de me ter por perto. Do mesmo jeito que, pela minha visibilidade, posso ajudar a viabilizar as coisas, havia um risco de que o projeto passasse a ser visto como meu. E o projeto não podia ser meu. Estou junto, dando conselhos, mas quem lidera essa iniciativa é o Edu. Quando saíram notas nos jornais, sempre corrigi e me posicionei como apoiador. Tenho muito orgulho de ser identificado com o Renova. Meu único cuidado é o de não atrapalhar. Estou no conselho, ajudei a montar, a captar, estive em todos os processos e sou um grande entusias-

ta. Demos um primeiro passo grande, elegendo dezessete parlamentares e migrando para o on-line para obter maior alcance. O Renova está pronto para dar o segundo, o terceiro, o quarto, o quinto passo.

LUCIANO HUCK é apresentador e membro
do conselho consultivo do Renova

Desde o início da campanha presidencial de 2018, havia poucas dúvidas de que um novato teria maior força. Em algum ponto de sua jornada, mesmo que reservadamente, Luciano aceitou conversar sobre uma candidatura sua à Presidência, alternando momentos de empolgação e de incerteza. No final de 2017, em artigo publicado na *Folha de S.Paulo*, ele descartou a ideia, afirmando, porém, que continuaria, "modesta, mas firmemente, tentando contribuir de maneira ativa para melhorar o país". Mesmo assim os rumores persistiram, a ponto de Luciano escrever outros artigos negando a candidatura.

Eu estava com ele no Carnaval de 2018 quando, em caráter definitivo, Luciano abriu mão de sair candidato naquele ano. Eu me lembro até hoje da conversa que tivemos em Angra dos Reis, no litoral fluminense. Ele estava inquieto. A Globo, naturalmente, mostrava-se desconfortável diante de uma possível candidatura dele. A família de Luciano parecia insegura. Ele próprio refletia exaustivamente sobre o impacto que a decisão de fazer campanha para presidente poderia ter sobre a vida que tinha construído até ali para si mesmo e sua família. Sou testemunha de que sua decisão foi fruto de muito pensar e analisar, de noites não dormidas e debates nem sempre serenos com amigos, familiares, outros políticos.

Houve um momento em que desejei imensamente que Luciano Huck saísse candidato. Não concordamos em tudo, mas nos tornamos bons amigos. Luciano é um cara muito preparado, que tem o coração no lugar certo e quer fazer as coisas do jeito certo. Eu considerava que as melhores condições estavam postas: a valorização do candidato novato; uma pessoa muito conhecida e comprometida com a boa política. Impossível melhor que isso. Não deu. Jair Bolsonaro foi eleito.

Nada disso teve qualquer coisa a ver com o Renova. As iniciativas que tomei foram de natureza pessoal, sem nenhuma comunicação ou influência sobre a escola de políticos que lutei para pôr de pé. Se ele decidir acelerar nessa caminhada política, será uma decisão individual, privada, que certamente falará a favor da renovação. Não tenho dúvidas de que Luciano é a cara da renovação. Mas o Renova — nunca é demais dizer — não é um partido político. Somos uma escola de democracia que acolhe políticos de todos os matizes, desde que defendam os valores democráticos, a ética, o diálogo, a arte da conciliação em nome do bem comum.

Em meados de 2020, ainda havia quem dissesse que o Renova é uma plataforma de Luciano Huck. Mas o Renova não tem candidato. Apoia a democracia brasileira.

XIX. Uma marca de futuro

Eleições municipais em 2020, eleições legislativas, para governos estaduais e Presidência em 2022, e assim por diante: não faltam testes e desafios no horizonte para a nossa jovem escola de democracia. Esses desafios estavam profundamente entranhados no país que eu via no segundo semestre de 2020.

Em meio às crises pré-fabricadas do governo Bolsonaro e à pandemia de covid-19 que varreu o Brasil, deixando mortos na casa da centena de milhar, alguns de nossos políticos abraçaram o caminho mais fácil, o do populismo e da demagogia. Vejo representantes da classe política que, no lugar de enfrentarem os reais problemas do país, estão empenhados em deixar sua marca individual, quando, na verdade, a grande marca de um político deveria ser coletiva. Mesmo medidas positivas, como a concessão do auxílio emergencial a uma parte da população afetada pela pandemia, tomaram ares populistas — às vezes irresponsáveis do ponto de vista fiscal. Muito tempo passará até que tenhamos superado os desdobramentos da pandemia, mas a cada crise que o país enfrenta parece ficar mais clara a importância vital de formar novas lideranças.

A renovação política de fato, aquela que inclui a adoção de novas práticas, ancoradas na competência técnica e pelas quais trabalhamos desde 2017, apenas começou. Na primeira turma, o Renova formou 133 alunos; dezessete foram eleitos. Na segunda turma, com aulas nos anos de 2019 e 2020 e composta por cerca de 2 mil alunos, tivemos 1.820 formados. Essas aulas encerraram-se em junho, em meio à pandemia, com uma parte do programa concluído totalmente a distância por conta dos riscos apresentados pela covid-19.

As eleições municipais de 2020, realizadas em 15 e 29 de novembro por causa da pandemia, foram fundamentais para entendermos o alcance do Renova: 123 cidades de vinte estados elegeram 153 políticos que passaram pela nossa formação. Foram doze prefeitos — entre eles, os de Joinville (SC), Adriano Silva, do Novo; de São Vicente (SP), Kayo Amado, pelo Podemos; e de Itaquaquecetuba (SP), Delegado Eduardo Boigues, pelo PP —, dois vice-prefeitos e 139 vereadores. Há alunos do Renova nas Câmaras Municipais de capitais, como Belo Horizonte (onde se elegeram três) e Curitiba (cinco), e de cidades grandes e médias, como Uberaba (quatro) e Joinville (três). Trinta por cento são pretos ou pardos. E 22% são mulheres: Indiara Barbosa (Novo) foi a vereadora mais votada de Curitiba; Bia Bogossian (PSB) elegeu-se a primeira mulher vereadora de Três Rios (RJ); e Lohanna França (Cidadania), de Divinópolis (MG), foi a vereadora mais votada da história de sua cidade.

Em relação aos dezessete eleitos de 2018, o crescimento foi de 788%.

Os eleitos que fizeram os cursos do Renova somaram, juntos, 3.244.397 votos. Pertencem a 25 dos 33 partidos políticos brasileiros, do DEM à Rede, passando pelo Novo e pelo Cidadania. Também há muita gente que se formou no Renova trabalhando no executivo. Só na prefeitura do Rio de Janeiro são seis. Convidamos todos os eleitos a fazerem conosco um novo módulo de aulas específicas para atuarem no Legislativo e no Executivo. A ideia é que, desde o primeiro dia, trabalhem com planos de governo estruturados e com clareza de para onde estão indo, com planejamento e metas definidas. Confesso que os resultados desse ciclo me surpreenderam positivamente. Expressam um desejo do eleitor e, ao mesmo tempo, mostram que o trabalho de qualificação política tem um real valor para a sociedade.

Pois bem, os bons resultados nas eleições de 2020 são importantes, mas ainda existem grandes desafios para uma entidade como o Renova. O desestímulo é uma constante. No começo, duvidavam da nossa capacidade de botar o programa de pé; depois, do apartidarismo da escola, hoje amplamente comprovado pela variedade de partidos dos candidatos eleitos. Quando isso deixou de ser argumento, muitos disseram que estávamos a serviço de elites ocultas. Que existíamos para defender as teses da direita ou da esquerda — afinal, para quem se situa nos extremos do espectro político, sempre estaremos à esquerda ou à direita. Muitos ainda acham difícil aceitar a ideia de que trabalhamos pela boa política por acreditarmos que a boa política é que levará a um bom país. Essas pessoas consideram que "tudo e todos se movem por intenções espúrias. Na visão desse pessoal, há sempre algo 'por trás', ainda que não identificado", como bem apontou a jornalista Dora Kramer em artigo publicado pela revista *Veja* ainda em 2017.

Inúmeras vezes essas pessoas tentaram nos desestabilizar ou desmobilizar, dizendo que estamos a serviço do capital, que somos "faria limers",* que queremos dobrar o Estado aos nossos

---

* Expressão que se disseminou no final de 2019 para definir os profissionais que trabalham na região da avenida Brigadeiro Faria Lima, em São Paulo, onde está o setor financeiro.

interesses. São ações preconceituosas que alimentam o ceticismo e, no final, ajudam a consolidar o imobilismo desejado por muitos. Para mim, esses momentos são duros. Fico pensando no que meus filhos achariam do pai deles se lessem as maluquices que são publicadas sobre o Renova e sobre a minha pessoa na mídia. Eles ainda são pequenos, o que me ajuda, mas confesso que dá um certo nó na garganta.

Apesar de todos os obstáculos, até aqui o Renova alcançou reconhecimento como iniciativa inovadora e eficaz. Até agora, ninguém organizou um trabalho de formação comparável em política. Ficarei feliz quando souber que essa realidade mudou; afinal, nossos problemas são colossais e não haverá pessoa ou instituição capaz de cumprir esse papel sozinha.

E, o que é ainda melhor, cada vez mais instituições de outros países nos procuram para levar a iniciativa do Renova para as suas realidades. Já recebemos demandas da Venezuela, da Colômbia, de El Salvador, do Panamá, da Argentina e do Chile. Estamos de portas abertas.

Nessa jornada também tive o privilégio de participar da criação do Tem Meu Voto. Quando começamos a montar o Renova, foi ficando claro para mim que, pelo menos do meu ponto de vista, teríamos excepcionais candidatos, uma boa safra deles, durante muito tempo. Porém, como os eleitores saberiam da existência desses candidatos? É nessas horas que agradeço por viver no Brasil, um país onde a dimensão dos problemas é proporcional às possibilidades de soluções engenhosas e criativas. Juntamos na mesma mesa todas as entidades que identificávamos como vetores de novos candidatos e nos fizemos a seguinte pergunta: Como eles poderão concorrer em eleições de forma competitiva?

A resposta era óbvia: parecia quase impossível tornarem-se competitivos. Não tinham dinheiro nem visibilidade, e as propagandas eleitorais, diga-se de passagem, não ajudam muito. Por outro lado, sabíamos que o eleitor brasileiro estava ávido pela renovação dos quadros políticos.

Foi nesse momento que, ajudados por gente de comunicação, como Ricardo Guimarães, por profissionais da área de tecnologia, como Igor Senra, e por ativistas políticos, como Leandro Machado, chegamos a uma solução adequada ao potencial e à realidade digital do Brasil: uma ferramenta de cruzamento entre representantes e representados, um Tinder eleitoral. O Tem Meu Voto se tornou, na prática, um aplicativo para o eleitor achar seu candidato (e não apenas os novos), de acordo com suas afinidades. Considero esse aplicativo a novidade mais espetacular que surgiu no nosso ecossistema, um grande trabalho de equipe. Em 2018, trouxe informações públicas sobre deputados estaduais, federais e senadores, estimulando escolhas conscientes e permitindo contribuições às campanhas dos candidatos que dessem *match* com os ideais e anseios de cada eleitor. Nos dois dias que antecederam as eleições de 2018 o sistema chegou a cair pelo excesso de demanda. Ao final, foram mais de 2 milhões de *matches*. Brinco que o Tem Meu Voto também não surgiria na Noruega.

A meu ver, a renovação política passa, necessariamente, por três frentes: a informação do eleitor sobre as responsabilidades de cada uma das instâncias de representação, ou seja, o que cabe às Câmaras de Vereadores, às Assembleias Legislativas, à Câmara dos Deputados e ao Senado Federal; a percepção do eleitor de que ele tem escolha de acordo com suas prioridades, desmontando aquele tabu de "Ah, ninguém presta, não tenho em quem votar"; e, por fim, o acompanhamento do candidato eleito e suas atividades legislativas ao longo do mandato. O Tem Meu Voto contempla as três fases, configurando o conceito de tecnologia cívica na veia.

Quando lançamos a plataforma, Luciano Huck engajou-se fortemente na divulgação. Em 2020, o Tem Meu Voto foi potencializado pelo empreendedor André Szajman e sua vontade de participar de um projeto filantrópico de alto impacto. Por sua atuação histórica na área de tecnologia, André abraçou com vontade o projeto e ampliou-o.

Ainda sobre as mudanças que observo no cenário político pós-Renova, tenho enorme simpatia pela ideia do Gabinete Compartilhado dos eleitos saídos do movimento Acredito — Tabata Amaral, Felipe Rigoni e o senador Alessandro Vieira. Em vez de cada um ter o seu gabinete, os parlamentares compartilham um espaço único, uma espécie de *co-work* no Congresso Nacional, em uma iniciativa inédita que favorece a troca de ideias e informações.

Mais do que estimular o surgimento de novas iniciativas de renovação política, o Renova também tem um papel, ao lado de outras forças democráticas, na manutenção e no fortalecimento da democracia brasileira. Quando acolhemos todas as vozes e todos os partidos; quando procuramos afastar de nossas turmas perfis extremistas por meio da aplicação de testes; quando defendemos a importância do diálogo — estamos valorizando as práticas democráticas. Não existe outro caminho para a democracia no Brasil.

Não faltam desafios para a continuidade do Renova, e nós, como time, vimos pensando em novas possibilidades. Somos uma escola de democracia para candidatos, mas será que o Renova não deveria ser uma escola de democracia *para todos*, neste momento em que nossa jovem democracia sofre ataques e ameaças? Um aluno da turma de 2019 fez certa vez um questionamento interessante: "Isso que aprendemos aqui deveria ser ensinado na escola!" Entendi o que ele quis dizer e me veio à mente a experiência americana com as aulas de US Government, tantos anos atrás. Talvez o Renova possa e deva se desdobrar para atender a novas demandas da sociedade, e não apenas trabalhando na formação e no apoio aos candidatos, por mais crucial que isso seja.

Do ponto de vista estratégico, o eixo que deu ao Renova o equilíbrio que ele tem hoje é o da educação. Isso, naturalmente, casa com a história pessoal do Edu, que vem de uma família de educadoras e teve uma passagem importante por uma organização cujo foco era a educação. Já fomos chamados de parapartido, de guerrilheiros, mas creio que hoje é ponto pacífico que o Renova está ajudando as pessoas a olhar para a política como um ambiente em que é possível se desenvolver.

A minha geração, que está na casa dos 50 anos, renegou o serviço público. O Renova está formando gente que se interessa em trabalhar pelo bem comum, nas cidades, nos estados, no país, da mesma forma que fariam carreira na iniciativa privada. Isso é maravilhoso, é essencial para o desenvolvimento do país.

Em treze anos vivendo nos Estados Unidos, vi muitos CEOs que, após se afastarem de organizações privadas, se perguntaram: "Como é que eu posso usar essa grande bagagem que acumulei para contribuir com o setor público?" Ora, será que essa não é uma grande vocação possível para o Renova?

O Renova é muito jovem, ainda, e sua estratégia está se formando a partir de erros e acertos. Se nos enxergarmos como instituição que está aí para eleger pessoas, iremos por um caminho. Porém, se nos virmos como instituição que está promovendo a vida pública para engajar nela uma nova geração, educada, bem-informada e capacitada para trabalhar no serviço público, escolheremos outro caminho, talvez mais instigante. Ainda que eleger seja importante.

Claudio Szajman é empresário, presidente do Grupo VR e membro do conselho consultivo do Renova

O desafio também é de sustentabilidade financeira. O Renova deve seguir seu rumo como projeto da sociedade, não como iniciativa de um indivíduo ou de um grupo de pessoas. Nosso esforço de captação não termina nunca. Até julho de 2020, mais de 2.200 pessoas já haviam contribuído com o Renova, viabilizando a extensa gama de atividades que realizamos em poucos anos de vida — das turmas "clássicas" às formações continuadas para eleitos. O ideal, porém, seria contarmos com matrizes próprias de captação: cursos pagos, doadores com compromissos mais longos, fundos que gerem recursos recorrentes.

Nossos processos de seleção também estão sendo revisitados com o olhar e a experiência que o tempo nos trouxe. Hoje pensamos que não basta ter um bom perfil. O aluno/candidato precisa de um projeto objetivo e bem costurado para executar em seu mandato. O que faz a diferença entre êxito e fracasso é a postura propositiva. A capacidade de analisar um problema e destravar suas amarras é a chave de um mandato eficaz.

Há muito que melhorar no Brasil, e é preciso trabalho e engajamento para que a mudança ocorra. Não é uma jornada fácil, pelo contrário: às vezes parece impossível desafiar o *statu quo*. Projetos transformadores vêm do questionamento do padrão e da regra do SFA ("sempre foi assim"). As regras e os sistemas foram criados por pessoas e não são definitivos. Sempre podem ser aprimorados.

O Renova é hoje uma marca forte, mas todos os dias trabalhamos para torná-la mais potente. Tenho confiança de que tudo isso vai chegar, cada realização a seu tempo. O Renova nasceu em 2017. Quando eu finalizava este livro, ele tinha acabado de completar três anos. Olho com serenidade para tudo o que fizemos e não tenho dúvidas sobre o que ainda faremos até que, como é meu desejo desde o início, o Renova deixe de existir pelo melhor dos motivos: terá se tornado desnecessário.

historiareal.intrinseca.com.br

@intrinseca

editoraintrinseca

@intrinseca

1ª edição	MARÇO DE 2021
impressão	BARTIRA
papel de miolo	PÓLEN SOFT 80G/M²
papel de capa	CARTÃO SUPREMO ALTA ALVURA 250G/M²
tipografia	DANTE MT